La Leadership del Futuro: Navigare nelle Sfide del XXI Secolo

Da Culture Globali e Innovazione Digitale a Salute Mentale e Visione Strategica: Una Guida Completa per i Leader Moderni

Daniele De Giorgis

1. Definizione di Leadership: Esplorare la differenza tra "gestione" e "leadership".

2. Storia della Leadership: Come le teorie sulla leadership si sono evolute nel tempo.

3. Caratteristiche dei Leader Efficaci: Qualità innate e acquisite che contraddistinguono i leader di successo.

4. Teorie della Leadership Tradizionali: Ad esempio, teorie dei tratti, comportamentali e situazionali.

5. Teorie della Leadership Contemporanee: Leadership trasformazionale, servizievole, autentica e altri modelli emergenti.

6. Leadership e Potere: Tipi di potere e come vengono esercitati dai leader.

7. Cultura e Leadership: Come le diverse culture influenzano gli stili e le aspettative della leadership.

8. Leadership Femminile: L'importanza e l'unicità della leadership femminile nel contesto moderno.

9. Sfide della Leadership: Gestione dei conflitti, ascolto attivo, empatia e resilienza.

10. Leadership e Etica: La responsabilità morale dei leader e l'importanza dell'integrità.

11. Tecniche e Strumenti: Strumenti e tecniche per migliorare le abilità di leadership.

12. Leadership e Innovazione: Come i leader possono promuovere e sostenere l'innovazione.

13. Formazione alla Leadership: L'importanza della formazione continua e dello sviluppo della leadership.

14. Case Studies: Esempi reali di leadership in azione, successi e fallimenti.

15. Leadership Digitale: L'importanza della leadership nell'era digitale e come navigare nella trasformazione digitale.

16. Leadership e Salute Mentale: La gestione dello stress, il burnout e la cura di sé per i leader.

17. Squadre e Leadership: Creare, guidare e mantenere squadre ad alte prestazioni.

18. Visione e Missione: L'importanza di avere una visione chiara e una missione per guidare azioni e decisioni.

19. Feedback e Leadership: L'importanza del feedback continuo per la crescita e l'adattamento.

20. Future Trends: Dove sta andando la leadership? Esplorazione delle prospettive future.

1. Definizione di Leadership: Esplorare la differenza tra "gestione" e "leadership".

Definizione di Leadership

La leadership è spesso definita come l'arte di motivare un gruppo di persone ad agire verso la realizzazione di un obiettivo comune. È la capacità di influenzare e guidare gli altri, di stabilire una visione e di fornire alle persone motivazione, guida e risorse per raggiungere tale visione.

Leadership vs. Gestione

Sebbene "leadership" e "gestione" siano termini che vengono spesso usati in modo intercambiabile, essi rappresentano concetti distinti e complementari:

- **Gestione**: Si concentra principalmente sull'organizzazione, sulla pianificazione, sulla risoluzione dei problemi e sulla realizzazione degli obiettivi prefissati. Un manager è spesso preoccupato di garantire che le operazioni quotidiane funzionino senza intoppi. Questo può includere la pianificazione di risorse, la gestione di budget, l'organizzazione di team o progetti e l'assicurarsi che le risorse siano utilizzate in modo efficiente.

- **Leadership**: Riguarda l'ispirazione, la motivazione, e la creazione di una visione o direzione per un'organizzazione o un gruppo di persone. I leader spesso lavorano per instaurare una cultura, sviluppare il potenziale delle persone e navigare attraverso i cambiamenti. Mentre un manager potrebbe essere concentrato su "come" fare le cose, un leader è spesso concentrato sul "perché".

Caratteristiche Comuni

Anche se esistono differenze chiave tra leadership e gestione, ci sono alcune qualità che si sovrappongono:

- **Comunicazione Efficace**: Sia i leader che i manager devono essere in grado di comunicare chiaramente e efficacemente con i loro team.
- **Presa di Decisione**: La capacità di prendere decisioni, a volte in situazioni di pressione o con informazioni limitate, è essenziale sia per i manager che per i leader.
- **Responsabilità**: Entrambi sono responsabili del loro team o dipartimento e delle decisioni che prendono.

Definizione di Leadership e la sua Distinzione dalla Gestione

La leadership si colloca al crocevia tra la capacità di dirigere e l'abilità di ispirare. Mentre la direzione può riguardare l'organizzazione delle persone e delle risorse verso un obiettivo specifico, la leadership trascende questo aspetto. È una combinazione di visione, carisma, integrità e empatia che spinge gli altri non solo a seguirti, ma a credere nel percorso che hai tracciato.

Uno degli aspetti più distintivi della leadership è l'influenza. Un leader influenza attraverso il suo comportamento, le sue parole e le sue azioni. Non è tanto ciò che un leader dice, ma come lo dice e, soprattutto, come agisce. Questa coerenza tra parole e azioni è ciò che spesso separa i veri leader da coloro che semplicemente occupano posizioni di potere.

D'altra parte, la gestione, pur essendo un elemento essenziale in ogni organizzazione o team, tende ad avere un focus più ristretto. La gestione si preoccupa dell'efficienza, dell'ordine, dei processi e delle procedure. Il manager è colui che assicura che le risorse siano allocate correttamente, che i processi siano seguiti e che gli obiettivi siano raggiunti tempestivamente.

Una delle principali distinzioni tra leadership e gestione riguarda la visione rispetto all'esecuzione. Mentre un leader guarda al futuro, immaginando ciò che potrebbe essere e delineando una visione chiara per raggiungere quella possibilità, un manager è spesso ancorato al presente, concentrato sul "come" piuttosto che sul "cosa" o "perché".

È importante sottolineare che né la leadership né la gestione sono superiori l'una all'altra. Piuttosto, sono complementari. Un'organizzazione ha bisogno di visionari che possano indicare una direzione e ispirare gli altri a seguirli. Allo stesso tempo, ha bisogno di individui competenti che possano organizzare le risorse, pianificare l'esecuzione e garantire che la visione diventi realtà.

Uno degli errori più comuni nelle organizzazioni è presumere che un buon manager sia automaticamente un buon leader e viceversa. Questo non è sempre vero. Alcuni individui sono dotati naturalmente per la leadership ma possono lottare con le sfumature della gestione. Allo stesso modo, un manager eccezionale che sa come rendere un'operazione efficiente potrebbe non avere le capacità o il desiderio di ispirare e dirigere gli altri.

Le capacità di leadership possono essere coltivate e sviluppate, proprio come le capacità di gestione. La formazione, l'esperienza e la riflessione sono tutte componenti essenziali nel processo di crescita sia come leader che come manager.

Il contesto in cui un individuo si trova può anche influenzare la necessità di leadership rispetto alla gestione. Ad esempio, in situazioni di crisi, potrebbe essere richiesta una leadership forte per navigare attraverso l'incertezza e stabilire una direzione chiara. D'altra parte, in situazioni in cui i processi e le procedure devono essere stabilizzati o migliorati, potrebbe essere più utile avere competenze di gestione.

Inoltre, la cultura organizzativa gioca un ruolo fondamentale nella determinazione del bilancio tra leadership e gestione. Alcune culture valorizzano l'innovazione, la creatività e la visione a lungo termine, tutte aree in cui la leadership è essenziale. Altre culture potrebbero dare più valore all'efficienza, alla precisione e alla conformità, aree in cui le capacità di gestione sono particolarmente preziose.

Infine, è fondamentale riconoscere che, mentre la leadership e la gestione hanno ruoli distinti, esiste anche una sovrapposizione. Un leader efficace deve avere una certa comprensione della gestione per assicurarsi che la sua visione possa essere realizzata. Allo stesso modo, un manager efficace trarrà beneficio dal comprendere gli elementi della leadership, in modo da poter ispirare e motivare il suo team verso l'eccellenza operativa.

La leadership e la gestione, sebbene spesso intrecciate, sono come due facce della stessa medaglia. Per comprendere la profondità della loro relazione e la loro distinzione, è utile esplorare ulteriormente la natura e le sfumature di ciascuna.

La leadership, nel suo nucleo, riguarda la visione. Un leader vede oltre l'orizzonte, percependo le possibilità e i potenziali cambiamenti prima che si manifestino. La leadership è sinonimo di anticipazione: prevedere i trend, riconoscere le opportunità emergenti e, altrettanto importante, identificare le sfide prima che diventino critiche. Questa capacità di anticipare è alimentata dall'intuito, ma anche da un profondo ascolto, dalla comprensione delle persone e dai dati a disposizione.

La gestione, d'altra parte, si preoccupa del "qui e ora". Mentre un leader potrebbe guardare alle stelle, un manager si concentra sulla terra ferma, assicurandosi che le operazioni quotidiane siano svolte senza intoppi. Ma questo non vuol dire che la gestione sia meno importante della leadership. Senza una gestione efficace, le visioni e le aspirazioni del leader resterebbero semplici idee. La gestione è ciò che traduce la visione in realtà tangibile.

Un altro aspetto distintivo della leadership è la capacità di prendere rischi calcolati. I leader, per loro natura, sono predisposti a sfidare lo status quo, cercando di rompere le barriere convenzionali e spingere le persone e le organizzazioni al di fuori delle loro zone di comfort. Questa disposizione al rischio, tuttavia, non è avventata. È informata da dati, ricerche, e soprattutto, dall'ascolto attivo delle persone all'interno e all'esterno dell'organizzazione.

La gestione, al contrario, tende a essere più conservatrice. Il ruolo del manager è quello di minimizzare i rischi e garantire che le operazioni siano condotte in modo prevedibile e coerente. Ciò richiede un occhio attento ai dettagli, una profonda comprensione dei processi e una forte capacità di organizzazione.

Un'ulteriore distinzione riguarda la natura delle relazioni. La leadership, al suo meglio, è relazionale. I leader creano legami profondi con coloro che li circondano, basati sulla fiducia, sull'empatia e sul rispetto reciproco. Essi riconoscono che il vero potere non deriva dalla posizione o dall'autorità, ma dalla capacità di connettersi, influenzare e ispirare gli altri.

I manager, sebbene anche essi abbiano relazioni importanti, tendono ad avere rapporti più funzionali. Queste relazioni sono spesso modellate dai ruoli, dai compiti e dalle responsabilità. Per un manager, le persone sono essenziali per raggiungere gli obiettivi e le metriche specificate.

Ancora, è essenziale riconoscere che, nonostante queste distinzioni, la leadership e la gestione non sono mutuamente esclusive. Un leader può mostrare qualità manageriali e un manager può dimostrarsi un leader ispiratore. La chiave sta nel bilanciare questi ruoli e nel riconoscere quando è il momento di sognare e quando è il momento di eseguire.

In sintesi, la leadership e la gestione rappresentano due aspetti fondamentali e complementari della conduzione di gruppi, squadre o organizzazioni. Mentre la leadership è orientata verso la visione, l'innovazione e l'ispirazione, la gestione pone l'accento sull'efficienza, l'ordine e l'attuazione.

La leadership è intrinsecamente legata alla capacità di vedere oltre il presente, immaginando un futuro desiderabile e mobilitando gli individui verso quella visione. I leader hanno la profonda responsabilità di creare un senso di scopo e direzione. Questo ruolo richiede empatia, ascolto attivo, e la capacità di prendere decisioni che possono, a volte, essere impopolari o difficili. La leadership riguarda la costruzione di legami basati sulla fiducia, l'empowerment delle persone e la creazione di un ambiente in cui gli individui si sentano valorizzati e compresi.

D'altro canto, la gestione riguarda l'arte di garantire che le operazioni quotidiane di un'entità siano svolte in modo efficiente e coerente. La gestione richiede un'attenzione scrupolosa ai dettagli, una comprensione approfondita dei processi e la capacità di coordinare risorse e persone per raggiungere obiettivi specifici. Un manager deve essere in grado di stabilire priorità, allocare risorse in modo efficiente e monitorare i progressi per assicurare che gli obiettivi siano raggiunti.

Tuttavia, la distinzione tra leadership e gestione non è rigida. In realtà, nelle organizzazioni di successo, le due funzioni spesso si intersecano e si integrano. Un leader efficace deve avere una solida comprensione dei principi di gestione, mentre un manager di successo beneficerà enormemente dall'incorporare qualità di leadership nel suo approccio.

L'equilibrio tra leadership e gestione è fondamentale. Troppa leadership senza gestione può portare a visioni grandiose senza attuazione, mentre eccessiva gestione senza leadership può risultare in un'organizzazione stagnante e priva di direzione. Il successo risiede nell'abilità di bilanciare e integrare questi due aspetti, assicurando che una visione ispiratrice sia supportata da una gestione solida ed efficace. In definitiva, sia la leadership che la gestione sono essenziali per la prosperità e la longevità di qualsiasi organizzazione o iniziativa.

2. Storia della Leadership: Come le teorie sulla leadership si sono evolute nel tempo.

L'evoluzione delle teorie sulla leadership può essere tracciata attraverso secoli di storia umana, ma qui ci concentreremo principalmente sugli sviluppi del XX e XXI secolo. Durante questo periodo, la comprensione della leadership ha subito una serie di rivoluzioni concettuali, passando da approcci centrati sul tratto a teorie basate sul comportamento, sulla contingenza e trasformazionali, per citarne solo alcuni.

1. **Teorie basate sul tratto (prima metà del XX secolo)**: Queste teorie si concentravano sul tentativo di identificare i tratti inerenti o le caratteristiche fisiche e psicologiche che rendono una persona un leader. Si credeva che i leader nascessero, non si formassero. Studi hanno cercato di identificare tratti comuni come

intelligenza, determinazione, autoconfidenza e coraggio.

2. **Teorie comportamentali (anni '50 e '60)**: Queste teorie si allontanavano dalla nozione che i leader fossero "nati" e si concentravano invece sulle azioni specifiche dei leader. L'idea era che, studiando i comportamenti dei leader efficaci, si potesse insegnare la leadership attraverso la formazione e lo sviluppo. I principali studi in questo campo furono condotti da università come Ohio State e l'Università del Michigan.

3. **Teorie situazionali o di contingenza (anni '60 e '70)**: Queste teorie riconoscono che non esiste un singolo stile di leadership efficace per ogni situazione. Invece, l'efficacia del leader dipende dalla sua capacità di adattarsi al contesto. Fiedler, Hersey e Blanchard sono tra i principali teorici in questo dominio.

4. **Teorie della leadership partecipativa (anni '70)**: Queste teorie suggeriscono che la migliore leadership emerge dalla collaborazione tra leader e seguaci. Alcuni approcci, come la teoria della leadership situazionale di Hersey e Blanchard, enfatizzavano l'importanza della

maturità e della capacità dei seguaci nel determinare lo stile di leadership appropriato.

5. **Teorie trasformazionali e transazionali (anni '80 e '90)**: Mentre le teorie transazionali guardano alla leadership come uno scambio tra leader e seguaci (ad es. ricompense per prestazioni), le teorie trasformazionali vedono i leader come figure carismatiche che ispirano e motivano i loro seguaci attraverso la visione, la passione e il carisma. James MacGregor Burns e Bernard Bass sono figure chiave in questo campo.

6. **Approcci basati su competenze e autenticità (anni 2000)**: La leadership basata sulle competenze si concentra sulle abilità e le capacità che i leader devono possedere e sviluppare. La leadership autentica pone l'accento sull'autenticità del leader, sulla coerenza tra i valori, i pensieri e le azioni.

7. **Teorie olistiche e spirituali (anni 2010)**: Queste teorie vedono la leadership non solo come un insieme di competenze o comportamenti, ma come un percorso interiore, legato alla crescita personale, alla consapevolezza e alla spiritualità.

8. **Evoluzioni contemporanee**: Con l'arrivo dell'era digitale, dei social media e della globalizzazione, la leadership sta ancora evolvendosi. La leadership nel XXI secolo richiede una comprensione delle sfide globali, della diversità culturale, della tecnologia e dei cambiamenti rapidi.

Attraverso queste evoluzioni, una cosa rimane costante: la leadership è fondamentale per guidare gruppi e organizzazioni verso il successo. La comprensione di come la teoria della leadership si è sviluppata nel tempo fornisce una prospettiva preziosa su come il concetto di leadership continuerà a evolversi in futuro.

Certamente! Continuando sulla storia della leadership, possiamo constatare che, oltre alle teorie principali elencate, ci sono stati molti altri filoni di pensiero e influenze che hanno contribuito a plasmare la nostra comprensione della leadership nel corso dei secoli.

Le origini della leadership possono essere tracciate fin dai tempi antichi, quando le figure carismatiche come re, sacerdoti e capi tribali detenevano il potere. In molte società antiche, la leadership era spesso determinata da diritti di nascita, forza fisica o capacità oratoria. Per esempio, nella Grecia antica, la retorica era altamente considerata, e chi poteva parlare bene e persuadere gli altri spesso assurgeva a posizioni di potere.

Con l'avvento delle grandi religioni mondiali, come il cristianesimo, l'islam e il buddismo, emergevano nuove concezioni di leadership. Queste religioni introducevano idee di servizio, sacrificio e guida morale. Figure come Gesù Cristo, Maometto e il Buddha non solo erano visti come leader religiosi, ma anche come esempi di leadership in termini di carattere, compassione e visione.

Durante il Rinascimento, con il risveglio del pensiero critico e dell'umanesimo, emerse una nuova idea di leadership, una che riconosceva l'importanza dell'individuo e delle sue capacità uniche. Grandi pensatori come Machiavelli iniziarono a riflettere sul potere, l'autorità e la natura della leadership, proponendo che la fine giustificasse i mezzi.

La Rivoluzione Industriale del XVIII e XIX secolo portò ulteriori cambiamenti. Con la crescita delle fabbriche e delle imprese, la necessità di una gestione efficace e di leader organizzativi divenne sempre più evidente. La leadership non era più solo una questione di diritti di nascita o di carisma personale, ma richiedeva anche competenze organizzative e capacità decisionali.

Le guerre mondiali del XX secolo e le successive tensioni geopolitiche hanno ulteriormente evoluto la comprensione della leadership. Leader come Winston Churchill, Franklin D. Roosevelt e Martin Luther King Jr. sono emersi non solo per le loro capacità strategiche e decisionali, ma anche per la loro capacità di ispirare e unire le persone in tempi difficili.

In tempi più recenti, con l'emergere della globalizzazione, la leadership è diventata ancora più complessa. I leader di oggi devono navigare in contesti multiculturali, tenendo conto delle diverse norme, valori e aspettative. Devono anche affrontare sfide senza precedenti, come i cambiamenti climatici, le disuguaglianze economiche e le tensioni politiche.

Con l'ascesa della tecnologia e dei social media, la leadership è anche diventata più trasparente. I leader di oggi sono sotto il microscopio come mai prima d'ora. Ciò ha portato a una maggiore enfasi sull'etica, l'integrità e la responsabilità.

Un altro aspetto degno di nota è l'ascesa della leadership femminile. Per secoli, la leadership è stata dominata dagli uomini a causa delle strutture patriarcali. Tuttavia, nel corso del XX e XXI secolo, sempre più donne hanno iniziato a occupare posizioni di leadership in vari settori, sfidando le norme tradizionali e offrendo nuove prospettive e approcci.

Infine, la crescente comprensione della psicologia e della neuroscienza ha iniziato a influenzare le teorie della leadership. Con una maggiore comprensione di come funzionano le menti delle persone, i teorici della leadership sono ora in grado di esplorare più profondamente ciò che motiva, ispira e influisce sul comportamento umano in contesti di leadership. Questo ha portato a una maggiore enfasi sull'intelligenza emotiva, sulla consapevolezza di sé e sul benessere psicologico come componenti chiave della leadership efficace.

Alla base delle concezioni contemporanee di leadership si trova l'idea che un leader non è semplicemente qualcuno che detiene un'alta carica o un titolo; piuttosto, la leadership è vista come un processo relazionale attraverso il quale una persona influisce sugli altri per raggiungere un obiettivo comune.

Con la crescente globalizzazione, la definizione di leadership è stata influenzata da diverse culture e tradizioni. Ad esempio, mentre l'approccio occidentale alla leadership potrebbe enfatizzare l'autonomia, la decisione e l'individualismo, altre culture potrebbero porre maggiore enfasi sulla collaborazione, l'armonia e il consenso. In Asia, ad esempio, la filosofia confuciana pone grande enfasi sul rispetto, l'armonia e l'equilibrio in tutte le relazioni, e questo influisce anche sulle concezioni locali di leadership.

Parallelamente, le organizzazioni si stanno allontanando da strutture gerarchiche rigide verso modelli più flessibili e reticolari. Questo ha portato alla nascita di ciò che è spesso definito "leadership distribuita" o "leadership condivisa", dove la leadership non è più il dominio esclusivo di una singola persona o di un piccolo gruppo, ma è piuttosto un processo collettivo.

L'avvento dell'era digitale ha introdotto nuove sfide e opportunità per i leader. L'esplosione delle piattaforme di social media ha cambiato le dinamiche della comunicazione. Ora, un tweet o un post su Facebook possono avere un impatto immediato sulla percezione pubblica di un leader o di un'organizzazione. Questa iper-connettività ha reso la reputazione e la gestione della marca personale ancora più cruciali per i leader di oggi.

Nel contesto dell'innovazione tecnologica, emergono anche nuove forme di leadership. La leadership nell'era dell'intelligenza artificiale, ad esempio, richiede una profonda comprensione non solo delle persone, ma anche delle macchine e dei sistemi. Ciò significa che i leader devono essere al passo con i rapidi progressi tecnologici, ma anche mantenere un'etica forte, dato il potere e le capacità delle tecnologie emergenti.

Una tendenza interessante degli ultimi anni è l'attenzione crescente alla resilienza nella leadership. In un mondo in rapido cambiamento, i leader devono essere in grado di affrontare fallimenti, contraccolpi e crisi, rimanendo centrati e focalizzati. Questo ha portato a una maggiore enfasi sullo sviluppo della resilienza personale e organizzativa come competenza chiave della leadership.

Allo stesso tempo, c'è stata una crescente consapevolezza dell'importanza del benessere mentale e fisico dei leader. La leadership può essere estremamente esigente e stressante, e la capacità di prendersi cura di sé, di gestire lo stress e di mantenere un equilibrio tra lavoro e vita privata è diventata fondamentale.

Un altro sviluppo interessante è la crescente importanza della "leadership sostenibile". Questo concetto riguarda la capacità di un leader di guidare in modo che sia sostenibile non solo per l'organizzazione, ma anche per la società e l'ambiente. Questa tendenza riflette una crescente consapevolezza dei problemi ambientali e sociali e la responsabilità dei leader di affrontarli in modo proattivo.

Nel complesso, mentre le fondamenta della leadership possono rimanere costanti, la forma e la funzione della leadership sono in continua evoluzione. I leader di oggi devono navigare in un paesaggio complesso, incerto e interconnesso, richiedendo una combinazione di competenze, conoscenze e mindset adattivi.

La storia della leadership è profondamente intrecciata con l'evoluzione della società umana e con i cambiamenti nei contesti politici, economici, sociali e tecnologici. Ogni epoca ha avuto i suoi distinti modelli e teorie di leadership, riflesso delle sfide e delle esigenze del suo tempo.

Dalle antiche società tribali dove la leadership era basata sulla forza e sulla protezione, passando attraverso le epoche storiche in cui la religione, la filosofia, e la politica hanno ridefinito cosa significasse essere un leader, fino alle rivoluzioni industriali e tecnologiche che hanno rivoluzionato le strutture organizzative e i modi in cui le persone interagiscono e comunicano, la leadership ha continuato a evolversi.

L'essenza della leadership non si trova solo nelle capacità personali o nelle competenze tecniche, ma piuttosto nella capacità di un individuo di influenzare, ispirare e mobilitare le persone verso la realizzazione di una visione o di un obiettivo comune. Questo nucleo rimane costante, nonostante i cambiamenti nel modo in cui la leadership è esercitata o percepita.

In tempi recenti, la complessità dei problemi globali – che spaziano dal cambiamento climatico alle disuguaglianze economiche, dalla trasformazione digitale ai conflitti geopolitici – richiede una nuova generazione di leader che siano versatili, eticamente guidati, e capaci di operare in contesti diversificati e interconnessi. Questi leader, oltre ad avere una solida comprensione dei contesti locali, devono anche essere globalmente saggi, essendo in grado di collegare i punti tra temi apparentemente disparati e di vedere il quadro generale.

La leadership del XXI secolo pone anche un'enfasi senza precedenti sull'importanza della diversità e dell'inclusione. Mentre le organizzazioni e le società diventano sempre più diverse, la capacità di comprendere, apprezzare e sfruttare questa diversità diventa cruciale. Questo significa che i leader devono ora essere sensibili alle differenze culturali, di genere, di età e ad altre forme di diversità, e usare questa comprensione per creare ambienti in cui tutti si sentano valorizzati e possono dare il loro meglio.

In conclusione, la storia della leadership non è solo un racconto di come le teorie e le pratiche si sono evolute nel tempo, ma è anche una testimonianza del desiderio umano di progresso, innovazione e un senso di scopo. Mentre affrontiamo le sfide del futuro, è essenziale riflettere sulle lezioni del passato e integrarle con nuove idee e approcci, assicurando che la leadership continui a evolversi in modo che sia rilevante, efficace e al servizio del bene comune.

3. Caratteristiche dei Leader Efficaci: Qualità innate e acquisite che contraddistinguono i leader di successo.

Le caratteristiche dei leader efficaci sono state al centro di studi e discussioni per secoli. Mentre alcune persone credono che i leader siano "nati", c'è una crescente consapevolezza dell'importanza dell'apprendimento e dello sviluppo per formare un leader di successo. Le caratteristiche dei leader efficaci possono essere suddivise in qualità innate e acquisite, anche se spesso queste due categorie si sovrappongono e si influenzano a vicenda.

Ecco un'analisi di queste caratteristiche:

Qualità Innate:

1. **Intuizione:** Alcuni leader hanno un'incredibile capacità di "sentire" la direzione giusta o di anticipare problemi e opportunità prima che diventino evidenti.
2. **Carisma:** Questa qualità magnetica può ispirare gli altri a seguire e aderire a una visione o a un obiettivo.
3. **Autoconsapevolezza:** Anche se può essere sviluppata nel tempo, una certa inclinazione naturale verso l'auto-riflessione può essere vista come innata.
4. **Resilienza:** La capacità di rimanere in piedi e rimanere centrati di fronte alle avversità è spesso radicata nella personalità di un individuo.
5. **Passione:** Una vera passione per una causa o un obiettivo può essere innata e spinge i leader a perseguire grandi visioni.

Qualità Acquisite:

1. **Competenza Tecnica:** Questa è la conoscenza e l'abilità in un particolare campo o settore. Un leader efficace conosce bene il suo settore.

2. **Abilità di Comunicazione:** La capacità di comunicare chiaramente, persuasivamente e in modo efficace può essere sviluppata attraverso l'educazione e la pratica.
3. **Pensiero Strategico:** Mentre alcuni potrebbero avere una propensione naturale verso questo, il pensiero strategico può anche essere affinato attraverso l'educazione, la formazione e l'esperienza.
4. **Gestione dei Conflitti:** Un leader efficace sa come gestire e risolvere i conflitti in modo costruttivo.
5. **Apprendimento Continuo:** I leader di successo riconoscono l'importanza dell'apprendimento continuo e sono impegnati nello sviluppo personale e professionale.
6. **Etica e Integrità:** Mentre alcune persone potrebbero avere un solido senso morale innato, l'importanza di agire con integrità può anche essere imparata e internalizzata nel tempo.
7. **Leadership Situazionale:** La capacità di adattare il proprio stile di leadership alle esigenze specifiche di una situazione o di un individuo.
8. **Capacità Decisionale:** Prendere decisioni informate, tempestive e a volte difficili è una competenza fondamentale che può essere sviluppata.

Un aspetto cruciale da sottolineare è che, mentre alcune persone potrebbero avere una predisposizione naturale per alcune di queste caratteristiche, la formazione, l'esperienza, la mentorship e l'apprendimento continuo svolgono un ruolo fondamentale nello sviluppo di un leader efficace. Inoltre, la combinazione di queste qualità e come vengono applicate può variare a seconda del contesto culturale, organizzativo e situazionale.

La leadership non è un concetto statico, ma è piuttosto fluido e dinamico, influenzato da molteplici fattori interni ed esterni. Mentre esploriamo più a fondo le caratteristiche dei leader efficaci, diventa evidente che queste qualità sono spesso interconnesse e che il loro impatto può essere amplificato quando sono combinati in modi unici.

La **visione**, ad esempio, non riguarda solo la capacità di vedere dove un'organizzazione o un gruppo potrebbe andare in futuro. Riguarda anche la capacità di comunicare quella visione in modo che le persone possano vederla, sentirla e, soprattutto, sentirsene parte. Un leader che ha una visione ma non riesce a comunicarla efficacemente potrebbe trovare difficile ispirare gli altri a seguirla.

L'**empatia** è un'altra caratteristica cruciale nella leadership contemporanea. Si tratta della capacità di mettersi nei panni degli altri, di comprendere le loro esperienze, emozioni e motivazioni. In un mondo globalizzato e interconnesso, dove i leader devono spesso interagire con una vasta gamma di stakeholder da diverse culture e background, l'empatia diventa ancora più importante. Per un leader, essere empatico può aiutare a costruire relazioni più profonde, a prevenire conflitti e a prendere decisioni più informate che tengano conto delle esigenze e delle aspettative di tutti gli interessati.

Un altro aspetto fondamentale della leadership è la **flessibilità**. In un ambiente di lavoro in rapido cambiamento, i leader devono essere in grado di adattarsi rapidamente alle nuove situazioni, di apprendere dalle sfide e di rimanere aperti a nuove idee e approcci. La rigidità può portare a perdere opportunità e a non riconoscere le minacce emergenti. Un leader flessibile, al contrario, sarà in grado di navigare attraverso l'incertezza, di guidare il cambiamento e di aiutare gli altri ad adattarsi.

L'importanza della **cultura organizzativa** non può essere sottovalutata. I leader efficaci comprendono che non stanno solo guidando individui, ma anche modellando e influenzando la cultura di un'intera organizzazione. Questo implica stabilire valori chiari, promuovere comportamenti positivi e garantire che ci siano meccanismi in atto per riconoscere e affrontare comportamenti negativi. La cultura, come si dice spesso, "mangia la strategia a colazione". Pertanto, un leader che non tiene conto della cultura corrente o desiderata della sua organizzazione potrebbe scoprire che le sue strategie e visioni falliscono.

La **collaborazione** è un altro elemento chiave. I giorni del leader "comandante e controllore" sono ormai superati. Oggi, i leader devono essere facilitatori e costruttori di coalizioni. Devono sapere come lavorare attraverso i confini funzionali, organizzativi e geografici, riunendo persone con diverse competenze e prospettive per risolvere problemi complessi.

Infine, c'è il concetto di **autenticità**. I leader autentici sono coloro che sono veri con se stessi e con gli altri. Essi mostrano coerenza tra ciò che dicono e ciò che fanno, e non hanno paura di mostrare la loro vulnerabilità. Questa autenticità può aiutare a costruire fiducia, uno dei pilastri fondamentali di ogni relazione di leadership.

In un'analisi più profonda delle caratteristiche dei leader efficaci, è essenziale considerare la vastità e la complessità delle sfide che i leader affrontano oggi e come queste sfide influenzano le competenze e le qualità richieste.

L'**approccio olistico** alla leadership è una tendenza emergente. Questo approccio considera il benessere complessivo del leader: fisico, mentale, emotivo e spirituale. Non si tratta solo di guidare gli altri, ma anche di prendersi cura di sé. Un leader che è in equilibrio in tutte queste aree sarà meglio attrezzato per gestire lo stress, prendere decisioni e ispirare gli altri.

Il concetto di **leadership distribuita** è un altro aspetto da considerare. Questo modello sostiene che la leadership non dovrebbe essere centralizzata in una sola persona o in un piccolo gruppo, ma piuttosto distribuita tra molti membri di un'organizzazione. Ciò incoraggia la condivisione delle responsabilità e la valorizzazione delle competenze e delle conoscenze di ogni individuo. Questo tipo di leadership può essere particolarmente efficace in organizzazioni grandi o in situazioni in cui la velocità e l'agilità sono cruciali.

Poi c'è la questione della **sostenibilità**. I leader del 21° secolo devono guardare al di là del profitto a breve termine e considerare l'impatto a lungo termine delle loro decisioni. Ciò significa pensare alla sostenibilità ambientale, sociale ed economica. I leader che adottano un approccio sostenibile non solo aiutano a proteggere il pianeta, ma costruiscono anche una buona volontà e una reputazione positiva per le loro organizzazioni.

Un altro concetto chiave nella leadership moderna è la **trasparenza**. In un'epoca di accesso immediato alle informazioni e di crescente scetticismo nei confronti delle istituzioni, i leader devono essere aperti e trasparenti nelle loro comunicazioni e decisioni. Questo aiuta a costruire fiducia e a creare un senso di appartenenza e inclusione tra i membri dell'organizzazione.

La **mentalità di crescita**, introdotta dalla psicologa Carol Dweck, è un'altra caratteristica fondamentale dei leader efficaci. Questo concetto suggerisce che le persone possono sviluppare le loro capacità e competenze attraverso la dedizione e l'impegno. I leader con una mentalità di crescita sono aperti al feedback, vedono le sfide come opportunità di apprendimento e sono costantemente alla ricerca di modi per migliorare.

L'**intelligenza culturale**, in un mondo sempre più globalizzato, è essenziale. I leader devono essere in grado di navigare e operare efficacemente in diverse culture, capire le sfumature e le differenze culturali e costruire ponti tra persone di diversi background.

Infine, c'è la capacità di **anticipare e innovare**. I leader del futuro dovranno essere sempre un passo avanti, prevedendo le tendenze emergenti e adattando le loro organizzazioni di conseguenza. L'innovazione non riguarda solo nuovi prodotti o tecnologie, ma anche nuovi modelli di business, nuovi approcci alla gestione delle persone e nuove strategie per affrontare le sfide globali.

Questo panorama in continua evoluzione della leadership sottolinea la necessità per i leader di essere adattabili, apprendere in modo continuo e rimanere aperti a nuove idee e approcci.

La leadership, nella sua essenza, è un'arte tanto quanto una scienza. Le caratteristiche dei leader efficaci, pur essendo numerose e talvolta intangibili, formano un mosaico di qualità che possono portare un individuo a ispirare, guidare e influenzare positivamente gli altri.

Innanzitutto, la **visione** di un leader non è solo una previsione futuristica, ma un ideale ben definito che si traduce in obiettivi concreti e strategie tangibili. Senza una visione chiara, una guida diventa un'esercitazione di navigazione senza una bussola. Ma, avere una visione non è sufficiente: un leader efficace deve anche possedere l'abilità di trasmettere questa visione, rendendola palpabile e comprensibile per tutti.

L'**empatia** e la **trasparenza**, al di là delle sole parole, sono qualità umane essenziali per costruire una relazione di fiducia. In un'era dominata dalla tecnologia e dall'informazione, le persone cercano autenticità e sincerità. Un leader che mostra empatia e trasparenza è in grado di connettersi a un livello più profondo con i suoi seguaci, guadagnando la loro fiducia e rispetto.

La **flessibilità** e la **mentalità di crescita** sono fondamentali in un mondo in rapida evoluzione. I leader che si adattano, apprendono e crescono dai cambiamenti e dalle sfide sono quelli che guidano le organizzazioni verso il successo a lungo termine. Sono quelli che non solo accettano il cambiamento, ma lo abbracciano come una fonte inesauribile di opportunità.

L'approccio olistico, la sostenibilità e l'intelligenza culturale sono il riflesso di un leader che guarda al futuro. Queste caratteristiche indicano una profonda comprensione del mondo globalizzato in cui operiamo e delle molteplici sfide che esso presenta. Significano avere la saggezza di vedere oltre l'orizzonte immediato e riconoscere le interconnessioni che esistono in un ecosistema globale.

La **leadership distribuita** e l'**innovazione** rappresentano una rottura con i modelli tradizionali. Piuttosto che detenere il potere e le decisioni a livello centrale, la leadership distribuita riconosce il valore di diffondere la responsabilità e l'autonomia, favorendo la collaborazione e l'ingegnosità. L'innovazione, d'altra parte, è il motore che spinge in avanti, garantendo che un leader rimanga rilevante e proattivo in un ambiente in continua evoluzione.

In sintesi, mentre le caratteristiche di un leader efficace possono variare a seconda del contesto e della cultura, esistono alcuni tratti universali che definiscono la grande leadership. Questi tratti, combinati con le giuste competenze e l'esperienza, possono portare a una leadership trascendentale che non solo raggiunge gli obiettivi, ma ispira e eleva coloro che sono guidati. In un mondo pieno di sfide e opportunità, la leadership efficace è più che mai una combinazione di visione, empatia, adattabilità e l'incessante ricerca dell'eccellenza.

4. Teorie della Leadership Tradizionali: Ad esempio, teorie dei tratti, comportamentali e situazionali.

Teorie della Leadership Tradizionali:

Le teorie tradizionali della leadership hanno plasmato la nostra comprensione dell'essenza e delle dinamiche della leadership per molti decenni. Ecco un'analisi delle principali teorie tradizionali:

1. **Teorie dei tratti:**
   - **Fondamento:** Queste teorie sostengono che ci sono tratti specifici, o caratteristiche personali, che rendono una persona predisposta ad essere un leader efficace. Queste teorie spesso derivano dalla convinzione che "i leader nascono, non si fanno".
   - **Tratti comuni:** Alcuni dei tratti che spesso emergono in queste teorie includono: intelligenza, determinazione, auto-assicurazione, e integrità.
   - **Limitazioni:** Sebbene alcune ricerche abbiano mostrato una correlazione tra certi tratti e la leadership efficace, queste teorie sono state criticate perché non considerano l'importanza del contesto o delle competenze acquisite.
2. **Teorie comportamentali:**
   - **Fondamento:** A differenza delle teorie dei tratti, le teorie comportamentali sostengono che la leadership è definita da ciò che i leader *fanno* piuttosto che da chi

sono. Queste teorie si concentrano sulle azioni e i comportamenti dei leader piuttosto che sui loro tratti o caratteristiche personali.

- **Approcci comuni:** Due dei modelli comportamentali più noti sono l'approccio orientato ai compiti (concentrandosi su obiettivi e risultati) e l'approccio orientato alle relazioni (enfasi sulla costruzione di relazioni e sul benessere del team).
- **Limitazioni:** Anche se le teorie comportamentali offrono uno spaccato più dinamico della leadership rispetto alle teorie dei tratti, possono non tener conto delle specifiche sfumature delle situazioni o dei contesti in cui la leadership si manifesta.

3. **Teorie situazionali (o contingenziali):**
- **Fondamento:** Queste teorie sostengono che l'efficacia della leadership dipende dalla combinazione di stili di leadership e dalla situazione specifica. In altre parole, ciò che funziona in una situazione potrebbe non funzionare in un'altra.
- **Principi chiave:** Uno dei modelli più noti in questo ambito è il modello di leadership situazionale di Hersey e Blanchard, che suggerisce che il leader dovrebbe adattare il proprio stile (direttivo, persuasivo,

partecipativo o delegante) in base alla "maturità" o alla competenza e al coinvolgimento del collaboratore.

- **Limitazioni:** Sebbene queste teorie offrano un quadro flessibile, possono essere complesse da applicare in pratica dato che richiedono una valutazione costante e l'adattamento alle circostanze mutevoli.

4. Le teorie tradizionali della leadership, mentre hanno fornito una fondamentale base di partenza per lo studio della leadership, possono essere esplorate ulteriormente attraverso varie lenti e dimensioni.

5. Prendendo in considerazione le **teorie dei tratti**, è interessante notare come, nell'antichità, la leadership fosse spesso vista in termini di caratteristiche fisiche. Ad esempio, in molte culture antiche, la statura alta e una presenza fisica imponente erano considerate segni di un potenziale leader. Questa prospettiva, ovviamente, si è evoluta nel corso del tempo. La ricerca contemporanea si è concentrata su tratti meno tangibili come l'intelligenza emotiva, la capacità di ascolto attivo e l'apertura mentale. Tuttavia, una

sfida costante nelle teorie dei tratti è determinare quale combinazione di tratti sia ideale e se questi tratti possono essere sviluppati o sono innati.

6. Le **teorie comportamentali**, da parte loro, hanno subito un'evoluzione notevole nel corso del XX secolo. Inizialmente, la ricerca si concentrava su come i leader prendessero decisioni o assegnassero compiti. Tuttavia, con l'avvento di organizzazioni più complesse e la crescente importanza delle soft skills, l'attenzione si è spostata verso comportamenti come la capacità di motivare, la creazione di un ambiente di lavoro positivo o la gestione dei conflitti. La crescente diversità nei luoghi di lavoro moderni ha anche evidenziato la necessità per i leader di mostrare inclusività, sensibilità culturale e un'etica del lavoro equa.

7. Le **teorie situazionali**, tra tutte, potrebbero essere le più complesse in termini di applicazione pratica. Mentre l'idea di adattare lo stile di leadership in base alla situazione è intuitivamente logica, la realtà presenta una vasta gamma di variabili che possono influenzare una

situazione. Per esempio, come dovrebbe comportarsi un leader durante una crisi aziendale rispetto a una fase di stabilità? E come dovrebbero cambiare le loro tecniche se stanno guidando una startup rispetto a una multinazionale consolidata? O ancora, come dovrebbe un leader adattarsi quando si sposta tra settori diversi, ognuno con la sua cultura e le sue sfide uniche?

8. Un altro aspetto degno di nota è la crescente influenza delle culture non occidentali sulle teorie della leadership. Ad esempio, concetti come "Wa" in Giappone, che enfatizza l'armonia del gruppo, o "Ubuntu" in Africa, che si concentra sull'interconnessione umana, offrono prospettive alternative e arricchiscono ulteriormente il nostro comprensione della leadership.

9. La leadership, inoltre, non si limita alle organizzazioni o alle imprese. Pensiamo ai leader nei movimenti sociali, nella musica, nello sport o nelle arti. Ogni dominio ha le sue dinamiche uniche, e le teorie tradizionali della leadership possono non sempre applicarsi direttamente. Tuttavia, offrono un quadro che può essere adattato

e modificato, fornendo spunti preziosi su come le persone possono guidare in vari contesti e situazioni.

La vastità e la profondità delle teorie tradizionali della leadership sono un riflesso di quanto sia complesso il concetto stesso di leadership. La continua ricerca e analisi di questi modelli ci forniscono nuove lenti attraverso le quali possiamo osservare e comprendere la leadership in diversi contesti.

Una considerazione chiave delle **teorie dei tratti** è la tensione tra natura e coltura. Mentre è vero che certi tratti possono predisporre un individuo a ruoli di leadership, la formazione e l'esperienza possono giocare un ruolo cruciale nel perfezionare e sviluppare queste caratteristiche. Ad esempio, mentre alcune persone possono avere una predisposizione naturale alla fiducia o all'assertività, queste qualità possono anche essere sviluppate attraverso esercitazioni mirate e feedback costruttivo. Questo solleva questioni interessanti sulla formazione dei leader e sul potenziale di ogni individuo per sviluppare competenze di leadership.

Nelle **teorie comportamentali**, l'importanza del contesto diventa preminente. Per esempio, la leadership in un contesto militare potrebbe richiedere un approccio più diretto e gerarchico, mentre in un'organizzazione creativa, potrebbe essere privilegiato un approccio collaborativo e democratico. La cultura organizzativa gioca anche un ruolo significativo. Le aziende con una cultura orientata all'innovazione potrebbero cercare leader che incoraggiano la sperimentazione e l'assunzione di rischi, mentre quelle in settori più regolamentati potrebbero apprezzare la prevedibilità e la coerenza.

Le **teorie situazionali**, a loro volta, ci ricordano che la leadership non è statica. I leader devono essere flessibili e pronti a adattarsi alle mutevoli circostanze. Questa capacità di "leggere la stanza" e di capire cosa è richiesto in un determinato momento è cruciale. Ad esempio, durante una crisi, potrebbe essere necessaria una comunicazione più frequente e diretta. Ma una volta superata la crisi, potrebbe essere più appropriato adottare un approccio di "mano libera" e dare ai team più autonomia.

Un altro aspetto rilevante da considerare è l'intersezione tra leadership e etica. Le teorie tradizionali si sono concentrate principalmente sull'efficacia della leadership in termini di risultati. Tuttavia, c'è una crescente consapevolezza dell'importanza dell'etica nella leadership. Essere un leader efficace non significa solo raggiungere obiettivi, ma anche agire con integrità, onestà e rispetto per gli altri.

Inoltre, con la globalizzazione e la crescente interconnessione del mondo, la comprensione interculturale è diventata cruciale per la leadership. Le teorie occidentali della leadership potrebbero non essere sempre direttamente applicabili in contesti non occidentali. Comprendere e rispettare le norme culturali, i valori e le aspettative diventa essenziale per una leadership efficace in un contesto globale.

Infine, vale la pena sottolineare che la leadership non è solo una questione di individui. Mentre le teorie tradizionali tendono a concentrarsi sull'individuo leader, ci sono dinamiche di gruppo, strutture organizzative e influenze esterne che giocano un ruolo significativo nel determinare l'efficacia della leadership. Questo ci ricorda che la leadership è un sistema interconnesso, non solo un insieme di tratti o comportamenti isolati.

Analizzando in modo comprensivo le teorie tradizionali della leadership, possiamo trarre alcune conclusioni fondamentali che delineano l'essenza e la complessità della leadership nella sua interezza.

1. **Natura vs Coltura nelle Teorie dei Tratti:** Anche se esiste un consenso sul fatto che certi tratti possono predisporre un individuo a ruoli di leadership, è anche evidente che l'ambiente, l'educazione e le esperienze personali giocano un ruolo cruciale nel modellare un leader. Questo sottolinea l'importanza della formazione continua e dell'apprendimento nel percorso di un leader. Non si nasce leader, si diventa, attraverso un mix di predisposizioni innate e esperienze accumulate.

2. **Flessibilità delle Teorie Comportamentali:** Mentre certi comportamenti possono essere efficaci in determinate situazioni, la capacità di un leader di adattarsi e modificare il proprio stile in base alle circostanze è fondamentale. Questo richiede un alto grado di autoconsapevolezza, comprensione del contesto e empatia verso gli altri.

3. **Adattabilità delle Teorie Situazionali:** La leadership non può essere ridotta a una formula o a un set rigido di comportamenti. I leader devono essere pronti a navigare in un panorama in costante evoluzione, che richiede la capacità di valutare rapidamente le situazioni e di rispondere di conseguenza.

4. **L'Etica nella Leadership:** Oltre all'efficacia, l'integrità e l'etica stanno emergendo come pilastri fondamentali della leadership. Un leader non può essere efficace a lungo termine se non opera con principi morali saldi. La fiducia, una volta persa, è difficile da riconquistare.

5. **Interconnessione Culturale:** La comprensione delle diverse sfaccettature culturali è indispensabile in un mondo globalizzato. I leader di oggi e di domani dovranno essere in grado di attraversare confini culturali e di integrare prospettive diverse, mantenendo al contempo un nucleo di principi e valori universali.

6. **Oltre l'Individuo:** Anche se la leadership è spesso vista attraverso la lente dell'individuo, è essenziale riconoscere che la leadership si manifesta anche attraverso dinamiche di gruppo, culture organizzative e interazioni

sistemiche. La leadership non è solo l'atto di guidare, ma anche l'arte di costruire, mantenere e evolvere un ecosistema in cui le persone possono prosperare e raggiungere obiettivi comuni.

In sintesi, mentre le teorie tradizionali della leadership ci forniscono importanti quadri di riferimento, è essenziale vedere la leadership come un concetto dinamico e multifaccettato. Non c'è un "modello unico" per la leadership; piuttosto, la vera arte della leadership risiede nella capacità di un individuo di integrare conoscenze, competenze, valori e intuizioni da diverse teorie e applicarle in modo efficace nei vari contesti che incontra.

7. Teorie della Leadership Contemporanee: Leadership trasformazionale, servizievole, autentica e altri modelli emergenti.
Teorie della Leadership Contemporanee: La ricerca e lo studio della leadership non si sono fermati con le teorie tradizionali. Con il passare del tempo e il mutare delle società e delle organizzazioni, sono emerse nuove teorie che cercano di spiegare e guidare le pratiche di leadership. Alcune delle teorie contemporanee più influenti includono:

1. **Leadership Trasformazionale:** Questa teoria si focalizza sul leader come una fonte d'ispirazione e di motivazione. I leader trasformazionali sono quelli che stimolano e ispirano i loro seguaci a raggiungere performance al di sopra delle aspettative e a superare i propri limiti personali. Questi leader tendono ad avere una visione chiara, a mostrare empatia e a considerare le esigenze individuali dei loro collaboratori. Carismatica, stimolante e con una visione chiara, questa forma di leadership può portare a cambiamenti significativi e duraturi all'interno di un'organizzazione.

2. **Leadership Servizievole (o "Servant Leadership"):** Questo modello si basa sull'idea che un leader dovrebbe servire prima di tutto i propri collaboratori, mettendo le loro esigenze al centro. Questi leader sono concentrati sull'empowerment e sullo sviluppo dei loro team, piuttosto che sull'esercizio del potere o sull'autorità. Credono nel potenziale di ogni individuo e cercano di creare un ambiente in cui tutti possano prosperare e avere successo.

3. **Leadership Autentica:** Questa teoria sottolinea l'importanza dell'autenticità nella leadership. I leader autentici sono consapevoli

delle proprie forze e debolezze, hanno una profonda comprensione di se stessi, e sono guidati da valori e principi personali. Questo tipo di leadership promuove la trasparenza, l'onestà e la coerenza.

4. **Leadership Partecipativa:** Questa forma di leadership riconosce il valore della partecipazione e della collaborazione. I leader incoraggiano la partecipazione attiva dei membri del team nelle decisioni e nel processo decisionale, promuovendo un senso di appartenenza e di coinvolgimento.

5. **Leadership Etica:** Mentre l'etica ha sempre avuto un ruolo nella leadership, l'accento sulla leadership etica sottolinea l'importanza dei principi morali e della giustizia nel prendere decisioni e nel guidare le azioni.
6. **Leadership Relazionale:** Questo approccio vede la leadership non come una serie di tratti o comportamenti di un individuo, ma come una dinamica relazionale tra leader e collaboratori. Si concentra sulle interazioni e sulla costruzione di relazioni significative.

Con l'evoluzione della società e delle sfide globali, come la sostenibilità, l'inclusione e la diversità, e la digitalizzazione, è probabile che emergano nuovi modelli di leadership. Ciò che è chiaro è che la leadership non è statica; si evolve in risposta alle esigenze, alle sfide e alle opportunità del momento. Le teorie contemporanee della leadership riconoscono la complessità e la sfumatura richieste per guidare in un mondo in continua evoluzione.

Continuando la discussione sulle teorie contemporanee della leadership, possiamo esplorare ulteriori aspetti e sfaccettature di questi approcci.

Il **ruolo della tecnologia** ha avuto un impatto significativo sulla leadership contemporanea. Con l'avvento dei social media, della digitalizzazione e della globalizzazione, i leader devono ora operare in ambienti multicanale e multifunzionali. Questo ha portato alla nascita di ciò che potremmo chiamare "leadership digitale", dove la capacità di comunicare efficacemente attraverso piattaforme digitali e di comprendere le dinamiche dei nuovi media è diventata essenziale.

Accanto a questo, l'**importanza della diversità e dell'inclusione** nella leadership contemporanea non può essere sottovalutata. Le organizzazioni stanno riconoscendo sempre di più il valore di avere team diversificati e leadership che rifletta questa diversità. La leadership inclusiva va oltre la semplice accettazione delle differenze; richiede un'attiva valorizzazione di queste differenze e un impegno a creare ambienti in cui tutti si sentano valorizzati e ascoltati.

Un altro concetto che emerge è quello della **leadership adattiva**. In un mondo che cambia rapidamente, dove le sfide emergono in modi imprevedibili, i leader devono avere la capacità di adattarsi e rispondere con flessibilità. Ciò richiede non solo una profonda comprensione del contesto esterno, ma anche la capacità di auto-riflessione e di cambiamento interno.

La **leadership olistica** è un altro concetto che sta guadagnando terreno. Questo approccio considera l'intero essere – mente, corpo e spirito – nel contesto della leadership. La salute mentale, il benessere fisico e l'equilibrio spirituale sono visti come componenti cruciali per un leader efficace e resiliente.

Con l'emergere della **neuroscienza**, stiamo anche iniziando a comprendere meglio come funziona il cervello in relazione alla leadership.

Alcune ricerche suggeriscono che ci sono parti del cervello specificamente coinvolte nel prendere decisioni, nel mostrare empatia e nel risolvere problemi – tutte competenze cruciali per i leader. Questa comprensione sta guidando nuovi approcci alla formazione e allo sviluppo della leadership.

Infine, non possiamo ignorare il crescente interesse per la **sostenibilità** nella leadership. I leader contemporanei sono sempre più chiamati a considerare l'impatto a lungo termine delle loro decisioni, non solo in termini di risultati finanziari, ma anche in termini di impatto ambientale, sociale e culturale.

La leadership, quindi, si sta evolvendo in risposta a una miriade di fattori interni ed esterni. In questo paesaggio complesso, la capacità di un leader di rimanere aggiornato, di apprendere continuamente e di mostrarsi resiliente diventa sempre più critica.

Nel panorama attuale, la leadership si sta muovendo oltre i confini tradizionali delle organizzazioni e degli affari per toccare quasi ogni aspetto della vita quotidiana e della società.

Questo ha portato all'evoluzione di diversi nuovi modelli e paradigmi.

Il concetto di **"Leadership Distribuita"** è diventato particolarmente rilevante in organizzazioni piatte e nelle strutture ad-hoc. Invece di un singolo individuo alla guida, la responsabilità della leadership viene distribuita tra diverse persone o gruppi all'interno di un'organizzazione. Questo può aiutare a sfruttare le competenze e le esperienze diverse dei membri del team e a creare una leadership più resiliente.

Parallelamente, c'è stato un crescente riconoscimento dell'importanza della **"Leadership Collaborativa"**. Questo modello enfatizza la collaborazione tra leader e collaboratori, coinvolgendo tutti nella definizione della visione e nella presa di decisioni. Questo stile di leadership può essere particolarmente efficace in ambienti complessi e in rapida evoluzione, dove l'agilità e la capacità di risposta sono cruciali.

Il concetto di **"Leadership Resiliente"** è un altro paradigma emergente. In un mondo in cui le crisi, sia grandi che piccole, sembrano essere la norma piuttosto che l'eccezione, la capacità di un leader di resistere, adattarsi e prosperare di fronte all'adversità è fondamentale. Ciò richiede una profonda comprensione di se stessi, delle proprie reazioni emotive e dei propri meccanismi di coping, nonché la capacità di vedere le sfide come opportunità piuttosto che come minacce.

Accanto a questo, la **"Leadership Culturale"** sta guadagnando sempre più attenzione. In un mondo globalizzato, i leader devono spesso navigare attraverso diverse culture, siano esse nazionali, organizzative o di team. Capire e apprezzare queste differenze culturali, e saperle utilizzare per creare sinergie piuttosto che conflitti, è una competenza chiave per i leader contemporanei.

Un altro trend emergente è l'interesse per la **"Leadership Mindful"**. Ispirata dalle pratiche di mindfulness e meditazione, questa forma di leadership enfatizza la presenza, la consapevolezza e l'attenzione al momento presente. Questi leader sono sintonizzati sui loro sentimenti, pensieri e comportamenti, così come su quelli delle persone intorno a loro, il che può portare a decisioni più riflettute e a relazioni più autentiche.

Infine, l'avvento dell'intelligenza artificiale e della robotica sta anche influenzando le teorie della leadership. Il ruolo del **"Leader Augmentato"** – dove le capacità umane vengono amplificate attraverso l'uso della tecnologia – sta diventando sempre più pertinente. Mentre alcune funzioni decisionali possono essere automatizzate, la capacità umana di mostrare empatia, comprendere le sfumature e costruire relazioni profonde non può essere replicata facilmente da una macchina. Quindi, anche in questo ambiente altamente tecnologico, le competenze "umane" rimangono al centro della leadership efficace.

Le teorie contemporanee della leadership rappresentano un mosaico ricco e variato di idee e approcci, tutti profondamente radicati nel contesto del 21° secolo. Hanno come denominatore comune la comprensione che i modelli tradizionali di leadership, pur avendo la loro importanza, non sono sempre adeguati per affrontare le sfide in rapida evoluzione del mondo attuale.

A partire dalla "Leadership Distribuita", abbiamo visto come le moderne organizzazioni spesso disperdono l'autorità di decisione attraverso vari livelli, piuttosto che centralizzarla in un singolo individuo o gruppo. Questa distribuzione non solo sfrutta la varietà delle competenze all'interno di un'organizzazione, ma incoraggia anche l'innovazione e l'agilità.

La "Leadership Collaborativa", d'altra parte, evidenzia l'importanza di costruire una visione condivisa, dove i leader lavorano a stretto contatto con i loro team, stimolando un maggiore coinvolgimento e responsabilità. Questo modello riconosce che le soluzioni ottimali spesso emergono dalla collettività piuttosto che da un singolo individuo.

Allo stesso tempo, la "Leadership Resiliente" sottolinea l'importanza della tenacia e dell'adattabilità. In un'era di incertezza e di rapidi cambiamenti, i leader non devono solo avere una visione chiara, ma anche la resilienza per perseguirla, indipendentemente dagli ostacoli che possono incontrare lungo il percorso.

Il concetto di "Leadership Culturale" e "Leadership Mindful", da parte loro, riconoscono che i leader di oggi devono navigare attraverso un paesaggio ricco di sfumature, che vanno dalle differenze culturali alla complessità emotiva. La capacità di essere pienamente presenti, di mostrare empatia e di comprendere le diverse prospettive è diventata cruciale.

Concludendo, è importante sottolineare che, sebbene ci siano molte teorie e modelli contemporanei, la leadership efficace non si riduce a una formula o a un singolo approccio. La leadership è un viaggio di continua crescita e apprendimento. I leader di successo del 21° secolo saranno quelli che combinano le lezioni del passato con una profonda comprensione delle sfide e delle opportunità del presente, e che sono pronti a evolversi e ad adattarsi in risposta a un futuro imprevedibile. In altre parole, la leadership contemporanea è tanto un'arte quanto una scienza, e richiede una combinazione di intuito, comprensione, coraggio e, soprattutto, l'abilità di connettersi autenticamente con gli altri.

6. Leadership e Potere: Tipi di potere e come vengono esercitati dai leader.

Il potere in leadership si riferisce alla capacità di influenzare il comportamento degli altri, sia attraverso meccanismi formali che informali. Comprendere i diversi tipi di potere e come sono esercitati dai leader è fondamentale per interpretare e guidare efficacemente le dinamiche organizzative. Ecco un dettaglio dei vari tipi di potere e come vengono tipicamente esercitati nella leadership:

1. **Potere Legittimo**:
   - **Definizione:** Deriva dalla posizione formale o dal titolo all'interno di un'organizzazione.
   - **Esempio di uso:** Un manager potrebbe assegnare compiti specifici a un membro del team in base al suo ruolo ufficiale.

2. **Potere Coercitivo**:
   - **Definizione:** Si basa sulla capacità di punire o infliggere una sorta di danno.
   - **Esempio di uso:** Un leader potrebbe minacciare di licenziare o demotivare un dipendente se non raggiunge certi standard di rendimento.

3. **Potere Ricompensante:**

- **Definizione:** Riguarda la capacità di fornire premi o incentivi.
    - **Esempio di uso:** Un leader potrebbe offrire un bonus o una promozione come incentivo per l'eccellente rendimento di un dipendente.
4. **Potere di Referenza**:
    - **Definizione:** Si basa sull'attrazione personale e sul carisma. Le persone seguono il leader perché lo ammirano o lo rispettano.
    - **Esempio di uso:** Un leader carismatico potrebbe motivare il suo team attraverso discorsi ispiratori e creando un legame emotivo.
5. **Potere Esperto**:
    - **Definizione:** Deriva dalla competenza, dalle abilità e dalla conoscenza in un particolare campo.
    - **Esempio di uso:** In una squadra di ricerca e sviluppo, un esperto in un'area specifica potrebbe guidare un progetto perché possiede le competenze tecniche che gli altri rispettano.
6. **Potere Informazionale**:
    - **Definizione:** Si basa sull'avere informazioni che gli altri ritengono preziose.

- **Esempio di uso:** Un membro del team che è l'unico a conoscere i dettagli di un progetto potrebbe utilizzare questa informazione come leva per influenzare le decisioni.

Ogni tipo di potere ha il suo posto all'interno delle organizzazioni, e i leader efficaci spesso utilizzano una combinazione di questi poteri a seconda della situazione. Tuttavia, è fondamentale che i leader siano consapevoli delle implicazioni etiche nell'esercizio del potere. L'abuso di potere, specialmente il potere coercitivo, può avere effetti deleteri sulla cultura organizzativa e sulla fiducia dei dipendenti. Pertanto, l'autorevolezza e l'integrità sono fondamentali quando si esercita qualsiasi forma di potere in un contesto di leadership.

Il potere, come abbiamo già stabilito, è l'abilità di influenzare il comportamento degli altri. In un contesto di leadership, questo potere può essere esercitato in modi molto diversi e può provenire da sorgenti diverse. La relazione tra leadership e potere non è sempre lineare e può variare a seconda della cultura, del contesto e delle persone coinvolte.

La **psicologia del potere** è un aspetto intrigante. Studi hanno dimostrato che coloro che detengono il potere tendono ad avere una visione più ottimistica e positiva, tendendo a prendere decisioni con maggiore assertività. Al contrario, chi si percepisce come privo di potere tende a mostrare maggiore cautela nelle decisioni. La percezione del potere, quindi, ha un impatto significativo sul modo in cui le persone agiscono e reagiscono in situazioni diverse.

Inoltre, il modo in cui un leader percepisce e utilizza il potere può avere profonde ripercussioni sulla **dinamica di gruppo**. Per esempio, i leader che si affidano eccessivamente al potere coercitivo potrebbero creare un ambiente di lavoro tossico, dove i dipendenti agiscono per paura piuttosto che per motivazione intrinseca. D'altra parte, un leader che sa come bilanciare tra potere ricompensante e di referenza può costruire un ambiente di lavoro positivo e motivante.

La **distribuzione del potere** è un altro aspetto fondamentale. In alcune organizzazioni, il potere è fortemente centralizzato, con una sola figura o un piccolo gruppo che detiene la maggior parte del controllo decisionale. In altri contesti, il potere è distribuito, permettendo a diversi membri del team o dell'organizzazione di avere voce in capitolo nelle decisioni. Questa distribuzione può influenzare la velocità delle decisioni, l'innovazione e la soddisfazione dei dipendenti.

Un'altra sfaccettatura interessante è la relazione tra **potere e responsabilità**. Come diceva il celebre detto "Con grande potere viene grande responsabilità", i leader devono essere consapevoli delle conseguenze delle loro azioni. Questa consapevolezza può aiutare a prevenire abusi di potere e a garantire che le decisioni siano prese nell'interesse di tutti gli stakeholder coinvolti.

Un leader dovrebbe anche essere consapevole del concetto di **potere "soft"** o potere informale. Questo si riferisce a influenze che non sono legate a posizioni formali o a risorse tangibili, ma piuttosto a relazioni, reputazione e carisma. Molte volte, le persone con grande potere "soft" possono esercitare una notevole influenza anche senza avere una posizione formale di leadership.

In sintesi, mentre la leadership e il potere sono concetti strettamente collegati, il loro legame è complesso e sfaccettato. Un leader efficace non solo riconosce i diversi tipi di potere a sua disposizione ma comprende anche le sfumature e le implicazioni di ciascuno, agendo con integrità e consapevolezza.

L'intersezione tra leadership e potere si estende ben oltre i tipi tradizionali di potere elencati in precedenza. L'evoluzione della leadership nel corso del tempo ha visto emergere nuove dinamiche e sfide relative all'esercizio del potere, e queste sfide sono diventate particolarmente rilevanti nell'era moderna.

Il potere attraverso la rete: Nel mondo interconnesso di oggi, i leader non possono più fare affidamento esclusivamente sul potere gerarchico tradizionale. La capacità di costruire e mantenere reti professionali e personali ha assunto una nuova importanza. Queste reti possono fungere da amplificatori del potere, offrendo ai leader l'accesso a informazioni, risorse e influenze al di fuori dei loro ambiti tradizionali.

Potere culturale: La globalizzazione ha portato le organizzazioni a operare in contesti culturalmente diversificati. I leader devono ora navigare e rispettare le differenze culturali, riconoscendo che ciò che è potente e influente in una cultura potrebbe non esserlo in un'altra. La capacità di un leader di comprendere e adattarsi a queste differenze può determinare il successo o il fallimento delle sue iniziative.

Potere ed etica: Il legame tra potere e etica è diventato centrale nella discussione contemporanea sulla leadership. I leader oggi sono sottoposti a un intenso esame pubblico, e qualsiasi abuso di potere può avere ripercussioni immediate e durature. Questo ha portato a una maggiore enfasi sull'etica e sull'integrità nella leadership.

Potere e vulnerabilità: Contrariamente a ciò che si potrebbe pensare, mostrare vulnerabilità può effettivamente potenziare un leader. Ammettere errori, chiedere feedback e mostrarsi aperti all'apprendimento possono rafforzare la fiducia e la lealtà dei seguaci. In un certo senso, la vulnerabilità può diventare una fonte di potere autentico.

Potere e ascolto: Uno degli aspetti spesso trascurati del potere è l'abilità di ascoltare attivamente. I leader che ascoltano sinceramente le preoccupazioni, le idee e i feedback dei loro team sono spesso visti come più legittimi e influenti. L'ascolto può fornire al leader informazioni preziose che potrebbero non essere altrimenti accessibili.

Potere e innovazione: In un'era dominata dalla rapidità del cambiamento e dalla rivoluzione tecnologica, la capacità di innovare è diventata una fonte chiave di potere. I leader che possono guidare l'innovazione e adattarsi rapidamente ai cambiamenti hanno un vantaggio significativo rispetto ai concorrenti.

Potere e autoconsapevolezza: Un leader che comprende profondamente i propri punti di forza, debolezze, motivazioni e valori è meglio attrezzato per esercitare il potere in modo efficace ed etico. L'autoconsapevolezza può anche aiutare i leader a prevenire l'abuso di potere, offrendo una sorta di "controllo interno" sulle proprie azioni.

In ogni caso, mentre il potere è uno strumento essenziale nella cassetta degli attrezzi di un leader, come viene utilizzato può definire la vera natura e l'efficacia di quella leadership.

L'ambito della leadership e del potere è vasto e variegato, e ci sono innumerevoli sfumature e perspettive da considerare. Ecco ulteriori approfondimenti:

Potere e Intelligenza Emotiva: L'intelligenza emotiva è la capacità di riconoscere, comprendere e gestire le proprie emozioni, e di riconoscere, comprendere e influenzare le emozioni degli altri. Questa competenza è fondamentale per esercitare un potere efficace. I leader con alta intelligenza emotiva tendono ad avere relazioni più profonde, a comunicare meglio e a risolvere i conflitti in modo più efficace.

Potere e Narrazione: Le storie hanno un potere intrinseco. I leader capaci di costruire e raccontare storie persuasive possono modellare la cultura di un'organizzazione, influenzare le percezioni e motivare le squadre. La narrazione può essere usata per instillare visione, valori e direzione.

Potere e Legittimazione: Non basta detenere potere; deve essere percepito come legittimo dai seguaci. La legittimazione del potere può derivare da una varietà di fonti: una posizione formale, il rispetto guadagnato attraverso le azioni, o l'approvazione di figure esterne autorevoli. La legittimazione può stabilire o erodere la fiducia nella leadership.

Potere e Resilienza: La capacità di un leader di resistere, recuperare e prosperare di fronte alle sfide è essenziale. La resilienza può essere vista come una forma di potere interiore, fornendo ai leader la forza e la determinazione di superare gli ostacoli.

Potere e Decisioni: La capacità di prendere decisioni, grandi o piccole, è al cuore dell'esercizio del potere. Ma non si tratta solo di decidere; riguarda anche come le decisioni vengono prese, comunicate e implementate. La trasparenza, l'inclusività e la considerazione nelle decisioni possono rafforzare la percezione del potere legittimo.

Potere e Visione: La visione è la capacità di vedere il quadro generale, di immaginare un futuro desiderabile e di ispirare gli altri a lavorare verso quel futuro. Una visione chiara e convincente può servire come un potente mezzo di influenzare e mobilizzare le persone.

Potere e Adattabilità: Il mondo di oggi è in costante cambiamento. La capacità di un leader di adattarsi alle nuove circostanze, di apprendere dalle esperienze e di navigare nell'incertezza è essenziale. L'adattabilità può anche influenzare come il potere viene esercitato e percepire in situazioni fluide.

Potere e Delega: Mentre è essenziale per un leader essere competente e informato, è altrettanto cruciale riconoscere quando delegare. Delegare efficacemente può potenziare le persone, distribuire la responsabilità e massimizzare le risorse dell'organizzazione.

Queste dinamiche mostrano come la leadership e il potere siano intricatamente legati e come siano influenzati da molteplici fattori. La comprensione di queste sfaccettature può arricchire la nostra comprensione di come i leader operano e influenzano nelle loro organizzazioni e contesti più ampi.

Conclusione: Leadership e Potere

La relazione tra leadership e potere è complessa, multifaccettata e fondamentale per comprendere l'essenza del ruolo di un leader. La capacità di esercitare il potere in modi che siano efficaci, etici e rispettosi è al cuore della leadership di successo.

Inizialmente, potrebbe essere tentante considerare il potere come una semplice leva che un leader può azionare per ottenere risultati. Tuttavia, come abbiamo visto, il potere è molto più di questo. Esso interagisce con una vasta gamma di competenze, comportamenti, circostanze e sfide. Dal riconoscimento dell'importanza dell'intelligenza emotiva, alla capacità di narrare e motivare, alla necessità di adattabilità e resilienza, il potere non è un'entità statica ma piuttosto una forza dinamica.

Alcuni leader cadono nella trappola di affidarsi troppo al potere conferito dalla loro posizione. Ma il potere legato esclusivamente alla posizione è fragile. Il vero potere, quello che ispira fiducia e lealtà, deriva dall'integrità, dalla competenza, dall'empatia e dalla capacità di un leader di servire il bene collettivo. La delega efficace, l'ascolto attivo e la capacità di prendere decisioni informate e considerate sono tutti elementi che rafforzano la natura positiva del potere di un leader.

Inoltre, in un mondo globalizzato e interconnesso, il potere non può più essere esercitato in modo isolato. I leader devono considerare le implicazioni culturali, etiche e sociali delle loro azioni. La legittimazione del potere, come abbiamo notato, è cruciale. Senza la percezione di legittimità, il potere di un leader può diventare rapidamente contraddittorio o, nel peggiore dei casi, dannoso.

Infine, è essenziale che i leader siano consapevoli delle varie fonti e tipi di potere a loro disposizione e siano capaci di navigare tra di essi con saggezza e discernimento. Il potere, quando utilizzato bene, può essere una forza per il bene, guidando le organizzazioni verso la realizzazione di obiettivi comuni, ispirando innovazione e progresso e creando un ambiente in cui gli individui si sentano valorizzati e motivati.

In conclusione, mentre leadership e potere sono concetti strettamente legati, è la profondità della comprensione, la saggezza nell'applicazione e l'integrità nel comportamento che definiscono veramente i grandi leader. Essi riconoscono che il potere non è un fine in sé, ma uno strumento per realizzare una visione più grande, servire gli altri e creare un impatto positivo nel mondo.

7. Cultura e Leadership: Come le diverse culture influenzano gli stili e le aspettative della leadership

Cultura e Leadership: Come le diverse culture influenzano gli stili e le aspettative della leadership

La cultura è l'insieme di valori, credenze, pratiche e norme che definiscono una società o un'organizzazione. Ha un'influenza profonda e pervasiva sul modo in cui le persone pensano, si comportano e interagiscono. La leadership non è immune da questa influenza. Le aspettative, le percezioni e gli stili di leadership possono variare notevolmente da una cultura all'altra, e la comprensione di queste differenze è fondamentale per i leader globali e per chiunque operi in contesti multiculturali.

1. **Valori Culturali e Leadership**: Ogni cultura ha un insieme di valori che sono considerati importanti e desiderabili. Ad esempio, mentre alcune culture valorizzano l'individualismo e la competizione, altre possono enfatizzare la comunità, la collaborazione e l'armonia. Questi valori influenzano direttamente ciò che è

considerato uno stile di leadership efficace o accettabile.

2. **Aspettative di Ruolo**: In alcune culture, ci si aspetta che i leader siano figure autoritarie e decisionali, mentre in altre possono essere visti come facilitatori o mediatori. Queste aspettative possono determinare come un leader viene percepito e quanto successo può avere nel guidare un gruppo o un'organizzazione.

3. **Comunicazione**: La comunicazione è fondamentale in leadership, e ogni cultura ha le sue norme in merito. Mentre in alcune culture la comunicazione diretta e chiara è valorizzata, in altre può essere preferita una comunicazione più sottile e indiretta. I leader devono essere consapevoli di queste differenze per evitare malintesi e conflitti.

4. **Gestione dei Conflitti**: Le culture variano anche nel modo in cui percepiscono e gestiscono i conflitti. Mentre alcune culture vedono il conflitto come qualcosa da evitare, altre lo accettano come una parte naturale delle interazioni umane e un'opportunità per la crescita e l'apprendimento.

5. **Visione del Potere**: In alcune culture, le distanze di potere sono accentuate e si aspettano differenze significative tra leader e seguaci. In altre, ci si aspetta una maggiore uguaglianza e collaborazione tra leader e team.

6. **Approcci alla Decisione**: In alcune culture, le decisioni sono prese in modo top-down, con i leader che fanno scelte per il gruppo. In altre, la partecipazione e il consenso sono prioritari, e le decisioni sono spesso il risultato di ampie discussioni e delibere di gruppo.
7. **Etica e Integrità**: Le norme culturali possono anche influenzare le aspettative in merito all'etica e all'integrità in leadership. Ciò che è considerato etico in una cultura potrebbe non esserlo in un'altra, e i leader devono essere attenti a navigare in queste acque complesse.

È chiaro che la cultura ha un profondo impatto sulla leadership. I leader che vogliono avere successo in contesti multiculturali devono essere culturalmente intelligenti, in grado di riconoscere e rispettare le differenze culturali, e pronti ad adattare il loro stile e approccio di conseguenza. In un mondo globalizzato, la capacità di comprendere e navigare nella complessità della cultura e della leadership è più cruciale che mai.

Cultura e Leadership: Ulteriori Riflessioni

Influenza Reciproca di Cultura e Leadership: Mentre la cultura influisce sulla leadership, la leadership può anche influenzare e modellare la cultura. Un leader carismatico o influente può introdurre nuovi valori o norme che diventano poi parte integrante della cultura organizzativa o societale. Questa dinamica bidirezionale rende il rapporto tra cultura e leadership particolarmente interessante e complesso.

Leader Multiculturali: Con l'avvento della globalizzazione, sono emerse figure di leader che incarnano più di una cultura. Questi leader possono attingere da una varietà di contesti culturali, sintetizzandoli in un approccio di leadership unico e ibrido. Questa capacità di "code-switching", o cambiare tra diverse modalità culturali, può essere un enorme vantaggio in un ambiente globale.

Cerimoniali e Rituale: Ogni cultura ha i suoi cerimoniali e rituali, che possono avere un ruolo simbolico significativo. Questi rituali possono avere un profondo significato per i membri di quella cultura e possono servire a rafforzare l'autorità e la legittimità di un leader. Ignorare o sminuire questi rituali può portare a perdite di rispetto o credibilità per un leader.

Metodologie di Apprendimento Culturale: La formazione interculturale è diventata una componente fondamentale della formazione alla leadership. Questo può includere tutto, dall'apprendimento delle lingue, alla familiarizzazione con le norme e le etichette culturali, all'immersione in una cultura attraverso viaggi o esperienze estese all'estero. Questo tipo di formazione può aiutare i leader a sviluppare una sensibilità e una comprensione interculturale.

Bias e Stereotipi: Mentre la consapevolezza culturale è essenziale, è anche fondamentale per i leader riconoscere e sfidare i propri pregiudizi e stereotipi. Operare con presupposti non verificati o con idee preconcette su una determinata cultura può portare a errori di giudizio o a malintesi. La riflessione personale e l'auto-esame sono strumenti chiave in questo contesto.

Leadership Spirituale e Religiosa: In molte culture, la spiritualità e la religione sono intrecciate profondamente con le norme e i

valori sociali. Questo può influenzare le
aspettative di leadership e le percezioni di
autorità. I leader religiosi, ad esempio, possono
avere un'influenza significativa su questioni
sociali, politiche e persino economiche
all'interno di una determinata comunità o
nazione.

Dinamiche di Genere e Leadership: La
cultura può anche influenzare le percezioni e le
aspettative riguardo ai ruoli di genere nella
leadership. In alcune culture, le donne leader
possono affrontare sfide particolari o barriere
all'entrata in posizioni di potere, mentre in altre
potrebbero avere accesso a opportunità e
supporto specifici.

Tecniche di Adattamento: Adattarsi a
diverse culture non significa necessariamente
perdere la propria identità o il proprio stile di
leadership. Molte volte, riguarda
l'apprendimento di come presentare le proprie
idee in un modo che risuoni con la cultura
locale, o comprendere quali sono le sfumature
comunicative o comportamentali che possono
fare la differenza.

Ogni cultura porta con sé un tesoro unico di
esperienze, storie e lezioni. I leader di successo

sanno come attingere da queste risorse, imparare da esse e utilizzarle per costruire ponti, creare comprensione e guidare con empatia e visione.

Influenze Globali e Locali nella Leadership

Glocalizzazione: Questo termine fonde "globale" e "locale", sottolineando l'importanza di combinare le visioni globali con le sensibilità locali. La leadership "glocal" comprende la necessità di operare su scala globale mantenendo al contempo una profonda comprensione delle realtà locali. Ad esempio, una multinazionale potrebbe cercare di espandere la sua presenza in un nuovo paese, ma per avere successo, deve capire e rispettare le particolarità culturali e di mercato del luogo.

La Digitalizzazione e la Cultura: La tecnologia ha reso il mondo più interconnesso che mai. Con l'avvento dei social media, delle piattaforme di videoconferenza e di altre tecnologie, le persone di culture diverse possono comunicare e interagire in modi che non erano possibili prima. Questa interconnessione ha portato a una sorta di "cultura digitale" globale, che ha le sue norme e aspettative. I leader devono capire come questa cultura digitale interagisce con le culture locali e come può essere utilizzata per potenziare la propria leadership.

Cultura Organizzativa vs. Cultura Nazionale: Mentre discutiamo di cultura in termini di nazioni o etnie, non dobbiamo dimenticare la potente influenza della cultura organizzativa. Le organizzazioni hanno le proprie culture, che possono a volte essere in contrasto o in sintonia con le culture nazionali. Comprendere questa dinamica è cruciale per qualsiasi leader che cerca di influenzare un'organizzazione.

Lingua e Leadership: Ogni lingua porta con sé una certa mentalità e una prospettiva sul mondo. Alcune lingue hanno parole o concetti che non esistono in altre lingue. Queste sfumature linguistiche possono influenzare la comunicazione, la decisione e la risoluzione dei conflitti. La capacità di un leader di parlare o comprendere diverse lingue, o almeno di avere una consapevolezza delle sfumature linguistiche, può essere un grande vantaggio.

Educazione e Formazione Culturale: L'educazione gioca un ruolo cruciale nel plasmare le visioni e le aspettative culturali di una persona. I leader che hanno avuto esperienze educative in diverse parti del mondo o in ambienti multiculturali spesso portano una prospettiva più ampia e una maggiore flessibilità nelle loro capacità di leadership.

Dinamiche di Gruppo e Identità Culturale: All'interno di una cultura, ci possono essere sottogruppi o minoranze che hanno le loro uniche norme e aspettative. I leader devono riconoscere queste dinamiche e assicurarsi di non fare generalizzazioni eccessive o presupposti su una cultura basandosi solo sulla maggioranza dominante.

Tradizioni e Innovazione: Sebbene le culture abbiano le loro tradizioni e pratiche consolidate, sono anche capaci di cambiamento e innovazione. I leader devono bilanciare il rispetto per le tradizioni con la riconoscenza della necessità e del desiderio di innovazione e progresso.

La danza tra cultura e leadership è intricata e complessa, piena di sfide ma anche di immense opportunità. In un mondo sempre più

interconnesso, la capacità di un leader di
attraversare confini culturali con empatia,
rispetto e comprensione sarà sempre più
preziosa.

La relazione tra cultura e leadership è
inestimabile e complessa. Questa connessione è
radicata nella storia dell'umanità e si manifesta
in ogni aspetto del nostro comportamento
sociale e organizzativo.

1. L'Intreccio tra Cultura e Identità: La
cultura non è soltanto un insieme di usanze,
lingue o tradizioni; è la lente attraverso la quale
vediamo il mondo e definiamo la nostra
identità. Allo stesso modo, la leadership non
riguarda solo la guida e la direzione; è anche
una manifestazione di valori, credenze e visioni.
Pertanto, come un leader interpreta e agisce nel
suo ruolo è profondamente influenzato dalla sua
cultura di appartenenza e dalla cultura della
comunità o dell'organizzazione che guida.

**2. Una Visione Globale, un'Applicazione
Locale**: In un'epoca di globalizzazione, un
leader può avere una visione che trascende i
confini nazionali. Tuttavia, la capacità di
adattare questa visione alle realtà locali,

rispettando le particolarità culturali, è ciò che distingue i leader di successo. La "glocalizzazione" diventa così una competenza cruciale.

3. La Responsabilità della Comprensione: Non basta essere consapevoli delle differenze culturali; è essenziale anche comprenderle. I malintesi culturali possono portare a conflitti, inefficienze e perdite di opportunità. I leader devono assumersi la responsabilità di educare se stessi e le loro squadre su queste differenze e su come navigarle con successo.

4. Equilibrio tra Tradizione e Innovazione: Mentre la tradizione fornisce stabilità e continuità, l'innovazione spinge in avanti. I leader devono saper onorare le tradizioni culturali mentre incoraggiano l'adozione di nuove idee e approcci, trovando un equilibrio tra il rispetto del passato e la visione del futuro.

5. Dinamiche Multiculturali: Le squadre multiculturali possono offrire un mix unico di competenze, prospettive e soluzioni. Ma possono anche presentare sfide in termini di comunicazione, integrazione e coesione. Un leader efficace riconosce e valorizza la diversità, promuovendo un ambiente in cui ogni membro si sente rispettato, ascoltato e valorizzato.

6. La Crescita Continua: L'apprendimento interculturale non è un obiettivo da raggiungere, ma un percorso di crescita continua. Il mondo cambia, le culture si evolvono e nuove dinamiche emergono. Un leader dovrebbe rimanere un eterno studente della cultura, cercando sempre di ampliare la propria comprensione e adattabilità.

In sintesi, la cultura e la leadership sono intrinsecamente legate. L'una influisce sull'altra in modi che possono essere sottili o manifesti. Nell'odierna società globalizzata, la capacità di integrare queste due dimensioni con empatia, intuizione e flessibilità è diventata più che mai cruciale. I leader che riconoscono l'importanza di questa interconnessione e che lavorano attivamente per coltivarla sono quelli che prospereranno nel paesaggio globale in continua evoluzione.

8. Leadership Femminile: L'importanza e l'unicità della leadership femminile nel contesto moderno.

Negli ultimi decenni, la leadership femminile è emersa come un campo di studio significativo e come una realtà pratica in molte società e organizzazioni in tutto il mondo. Sebbene le donne abbiano sempre avuto ruoli di leadership in vari contesti, la crescente presenza e l'accettazione della leadership femminile nelle sfere aziendali, politiche e sociali è qualcosa che merita un'attenzione particolare.

1. Storia e Sfondo: Nonostante le barriere storiche e culturali, molte donne sono riuscite a emergere come leader in vari settori nel corso dei secoli. Figure come Cleopatra, Joan of Arc, e Queen Elizabeth I sono esempi storici, ma anche nel XX e XXI secolo, figure come Indira Gandhi, Angela Merkel, e Jacinda Ardern hanno dimostrato la capacità delle donne di guidare nazioni e affrontare sfide globali.

2. Leadership Collaborativa e Inclusiva: Una caratteristica distintiva spesso associata alla leadership femminile è un approccio collaborativo e inclusivo. Molte leader femminili tendono a valorizzare il teamworking, la consultazione e l'inclusione, anziché adottare stili di leadership autocratici o top-down.

3. Empatia e Intelligenza Emotiva: Alcuni studi suggeriscono che le donne possono avere, in media, una maggiore intelligenza emotiva rispetto agli uomini. Questa capacità di comprendere e connettersi con le emozioni degli altri può tradursi in una leadership più empatica, che può a sua volta portare a team più coesi e motivati.

4. Multitasking e Gestione Olistica: Le donne sono spesso elogiate per le loro abilità multitasking e per la capacità di vedere "l'immagine complessiva". Questa visione olistica può aiutare nell'efficace gestione di progetti complessi e nella considerazione di vari stakeholder.

5. Sfide e Barriere: Nonostante i progressi, le donne leader affrontano ancora molte sfide, compresi gli stereotipi di genere, la discriminazione e il soffitto di cristallo. Queste barriere possono richiedere alle donne di sviluppare resilienza, determinazione e capacità di adattamento, qualità che possono arricchire ulteriormente il loro stile di leadership.

6. L'importanza della Diversità: La diversità di genere nella leadership porta a una maggiore diversità di idee, approcci e soluzioni. Numerose ricerche hanno dimostrato che le organizzazioni con una leadership di genere equilibrata tendono ad avere una performance migliore, sia dal punto di vista finanziario che in termini di soddisfazione dei dipendenti.

7. Modelli di Ruolo: Le leader femminili servono come modelli di ruolo non solo per altre donne, ma per tutta la società. Dimostrano che il genere non dovrebbe essere una barriera al successo o alla capacità di influenzare positivamente il mondo.

8. Visione Futura: Mentre il mondo continua a evolversi e le sfide globali diventano sempre più complesse, la leadership femminile sarà essenziale per portare prospettive diverse, approcci innovativi e soluzioni sostenibili.

La Leadership Femminile e l'Impatto Sociale

Nel contesto socio-culturale, la leadership femminile ha un impatto profondo. Le donne leader, attraverso le loro storie personali e professionali, sfidano le norme di genere esistenti e, a volte, infrangono le barriere che limitano le donne in molti settori della società.

Stili di Comunicazione: La comunicazione è centrale nella leadership, e molte donne leader si distinguono per il loro stile di comunicazione. Esse tendono a utilizzare un linguaggio più collaborativo e inclusivo, enfatizzando l'ascolto attivo. Questo stile di comunicazione può facilitare la costruzione di ponti, la negoziazione e la mediazione, competenze essenziali in contesti complessi.

Leadership Femminile e Innovazione: Contrariamente ad alcuni stereotipi, le donne leader sono spesso all'avanguardia nell'innovazione. Che si tratti di tecnologia, scienza, arte o business, le donne leader portano nuove prospettive e idee che possono catalizzare il cambiamento e spingere interi settori in direzioni precedentemente inesplorate.

Educazione e Crescita: In molti contesti, le donne leader sottolineano l'importanza dell'educazione come mezzo per l'empowerment. Molte leader femminili provengono da contesti in cui l'accesso all'istruzione era limitato, e come risultato, enfatizzano la necessità di offrire opportunità educative, specialmente alle ragazze e alle giovani donne.

Equilibrio tra Vita Professionale e Personale: Le donne leader sono spesso al centro di discussioni sull'equilibrio tra lavoro e vita privata. Mentre questo è un problema per leader di tutti i generi, le donne, date le aspettative socioculturali riguardanti i ruoli di genere, devono navigare in sfide uniche. Le loro esperienze in questo ambito possono fornire preziose lezioni su come gestire le pressioni della leadership pur mantenendo un equilibrio nella vita personale.

Rete e Mentorship: La costruzione di reti e la mentorship sono essenziali per la crescita professionale. Molte donne leader riconoscono l'importanza di avere mentori e, a loro volta, diventano mentori per la prossima generazione. Questi rapporti non solo aiutano a sviluppare competenze e capacità, ma creano anche un senso di appartenenza e comunità.

Resilienza e Perseveranza: Date le numerose sfide che le donne devono affrontare nel salire le scale della leadership, la resilienza è una qualità che molte leader femminili possiedono in abbondanza. Questa resilienza non è solo una capacità di resistere alle pressioni, ma anche di adattarsi e prosperare di fronte all'adversità.

Etica e Valori: Infine, molte donne leader mettono al centro della loro leadership l'etica e i valori. Che si tratti di sostenibilità, giustizia sociale o equità, le donne leader tendono ad avere una forte bussola morale che guida le loro decisioni e azioni.

L'ascesa delle donne in posizioni di leadership non è solo un segnale di progresso in termini di equità di genere, ma porta con sé una miriade di benefici e lezioni per la società nel suo complesso. L'unicità della leadership femminile arricchisce il tessuto delle organizzazioni e delle comunità e fornisce una varietà di approcci e soluzioni ai problemi del mondo moderno.

Il Ruolo delle Donne Leader nelle Organizzazioni Non Profit

Le donne leader hanno dimostrato una propensione particolare per il settore non profit, portando passione, empatia e una visione orientata all'impatto sociale. In questo contesto, esse spesso affrontano questioni legate ai diritti umani, all'istruzione, alla salute e al benessere delle comunità. L'approccio collaborativo e la capacità di costruire relazioni sono fondamentali in questi settori, e molte donne leader brillano in tali aree, costruendo ponti tra diverse organizzazioni e comunità per massimizzare l'impatto sociale.

La Leadership Femminile nell'Ambito Scientifico e Tecnologico

Nonostante le barriere storiche, le donne leader stanno emergendo come figure di punta in campi scientifici e tecnologici. Da scienziate a CEO di aziende tecnologiche, le donne stanno sfidando gli stereotipi e mostrando che la competenza e l'innovazione non conoscono genere. In questi ruoli, le donne spesso portano una diversa sensibilità alle questioni etiche, soprattutto quando si tratta di innovazioni che hanno un impatto diretto sulle persone.

Influenza Sociale e Media

Nel mondo dei media e dell'influenza sociale, le donne leader stanno plasmando opinioni e atteggiamenti. Dal giornalismo all'industria dell'intrattenimento, le donne in posizioni di leadership influenzano il modo in cui le storie vengono raccontate e interpretate. Il loro approccio, spesso centrato su autenticità e verità, può servire come un potente contrappunto alle narrazioni tradizionalmente dominate dal genere maschile.

Donne Leader e Politica

La scena politica globale ha visto un aumento significativo delle donne in posizioni di leadership, da primi ministri a presidenti. Queste leader non solo portano una prospettiva diversa ai tavoli di potere, ma influenzano anche le politiche in modo che riflettano meglio le esigenze di tutti i cittadini. Le questioni di equità, diritti delle donne, istruzione e sanità tendono ad avere maggiore attenzione quando le donne sono presenti in posizioni decisionali.

L'Importanza dei Modelli di Ruolo

La visibilità delle donne in posizioni di leadership serve come modello per le giovani generazioni. Questi modelli di ruolo mostrano che le donne possono aspirare a qualsiasi posizione o ruolo nella società, indipendentemente dagli ostacoli culturali o sociali. La presenza di donne leader in vari settori può ispirare ragazze e giovani donne a perseguire le loro passioni e a credere nel loro potenziale.

La Leadership Femminile nel Mondo degli Affari

Anche nel settore privato, le donne leader stanno facendo sentire la loro presenza. Mentre ci sono ancora barriere da superare, molte donne sono ora a capo di importanti multinazionali, startup innovative e piccole imprese. Queste leader femminili non solo guidano le loro aziende verso il successo finanziario, ma enfatizzano anche l'importanza della sostenibilità, dell'etica aziendale e della responsabilità sociale.

La Leadership Femminile: Una Forza in Crescita nel Panorama Globale

La leadership femminile ha assunto un ruolo sempre più prominente nel corso degli ultimi decenni. Ciò non solo riflette un cambiamento culturale e sociale, ma segna anche l'emergere di una nuova dinamica nel modo in cui le organizzazioni e le società operano. La combinazione di competenze, empatia, resilienza e una prospettiva unica rende la leadership femminile una forza potente e indispensabile nel panorama contemporaneo.

Verso una Leadership Equilibrata

Nonostante i progressi, le barriere persistono. L'iniquità salariale, la discriminazione basata sul genere e l'accesso limitato a posizioni di leadership sono ancora questioni che molte donne affrontano quotidianamente. Tuttavia, è importante notare che la leadership femminile non è solo una questione di genere, ma rappresenta un approccio equilibrato alla gestione e alla decisione, che considera una varietà di prospettive e esperienze.

Contributi Innovativi

Le donne leader hanno dimostrato di poter apportare contributi innovativi in una vasta gamma di settori, da quelli tradizionalmente dominati dagli uomini, come la tecnologia e la scienza, a quelli in cui hanno sempre avuto una presenza, come l'educazione e la sanità. La loro capacità di collaborare, costruire relazioni e considerare aspetti olistici delle questioni le rende particolarmente adatte a navigare in contesti complessi e interconnessi.

Influenza Culturale e Sociale

La presenza di donne in posizioni di leadership ha anche un impatto profondo sull'evoluzione culturale e sociale. Offre nuovi modelli di ruolo, sfida gli stereotipi di genere e promuove una visione più inclusiva e diversificata del successo. Questo, a sua volta, contribuisce a creare società più giuste, equilibrate e resilienti.

La Strada da Percorrere

Anche se la leadership femminile ha raggiunto traguardi significativi, la strada verso la piena parità e l'inclusione è ancora lunga. È essenziale continuare a sostenere e promuovere le donne in posizioni di leadership, garantendo che abbiano le risorse, le opportunità e il sostegno necessario per prosperare. Solo allora potremo sperare in un mondo dove la leadership è veramente rappresentativa della diversità e della ricchezza delle esperienze umane.

In conclusione, mentre il concetto di leadership femminile può aver iniziato come un sottotema della più ampia discussione sulla leadership, oggi rappresenta un campo di studio e pratica in sé. La sua importanza nel definire il futuro delle organizzazioni e delle società non può essere sottovalutata.

9. Sfide della Leadership: Gestione dei conflitti, ascolto attivo, empatia e resilienza.

Ogni leader, indipendentemente dalla sua posizione, settore o background, si trova ad affrontare una serie di sfide intrinseche al ruolo di guida. Queste sfide sono spesso amplificate dalle dinamiche complesse delle organizzazioni moderne, dalla natura mutevole del lavoro e dalle crescenti aspettative dei dipendenti e delle altre parti interessate. Esploriamo alcune di queste sfide chiave e perché sono così cruciali nel contesto della leadership.

1. Gestione dei Conflitti:

La gestione dei conflitti è una delle principali sfide per ogni leader. Ogni organizzazione è composta da individui con opinioni, valori, esperienze e aspettative diverse. Questa diversità può portare a disaccordi e tensioni.

- *Complexità:* In un ambiente lavorativo, i conflitti possono sorgere per vari motivi, che vanno da disaccordi su decisioni aziendali, a tensioni interpersonali, a lotte di potere.
- *Competenza richiesta:* Un leader efficace deve essere in grado di identificare la fonte del conflitto, facilitare una comunicazione aperta tra le parti coinvolte e guidare la squadra verso una risoluzione costruttiva.

2. Ascolto Attivo:

L'ascolto attivo va oltre il semplice sentire ciò che viene detto. Implica comprendere veramente, interpretare e valutare ciò che si sente.

- *Sfidante in ambienti rumorosi:* In organizzazioni frenetiche e rumorose, può essere difficile fermarsi e ascoltare realmente ciò che gli altri stanno cercando di comunicare.
- *Essenziale per l'inclusione:* Senza ascolto attivo, i membri del team possono sentirsi trascurati o incompresi, il che può portare a una diminuzione della morale e della produttività.

3. Empatia:

L'empatia è la capacità di capire e condividere i sentimenti di un altro. È cruciale per costruire relazioni autentiche e di fiducia.

- *Sfida in ambienti orientati al risultato:* In organizzazioni fortemente orientate ai risultati, può essere difficile per i leader fermarsi e considerare le emozioni e le esigenze individuali dei membri del team.
- *Impatto sulla cultura aziendale:* Una mancanza di empatia può portare a una cultura aziendale fredda o distante, in cui i dipendenti si sentono come semplici pedine piuttosto che come membri valorizzati di un team.

4. Resilienza:

La resilienza è la capacità di adattarsi e recuperare rapidamente dalle difficoltà. È essenziale per affrontare i cambiamenti e le sfide inaspettate che emergono nell'ambiente aziendale.

- *Sfide in contesti in rapido mutamento:* Con il rapido ritmo dei cambiamenti tecnologici e di mercato, i leader devono essere resilienti per guidare le loro squadre attraverso periodi di incertezza.

- *Equilibrio tra resistenza e flessibilità:* Trovare un equilibrio tra mantenere una visione chiara e adattarsi a nuove informazioni o circostanze è una sfida continua per i leader.

In conclusione, mentre le competenze tecniche e l'esperienza nel settore sono certamente importanti per un leader, è la capacità di navigare in queste sfide interpersonali e organizzative che spesso determina il successo di un leader. Sviluppare e affinare queste abilità – gestione dei conflitti, ascolto attivo, empatia e resilienza – è cruciale per ogni leader che aspira ad avere un impatto duraturo e positivo sulla propria organizzazione.

La gestione delle sfide inerenti alla leadership è un compito in evoluzione. Oltre ai punti già delineati, come gestione dei conflitti, ascolto attivo, empatia e resilienza, emergono ulteriori considerazioni a seconda dei contesti, delle circostanze e delle culture organizzative. Questi fattori spesso si intrecciano, dando vita a scenari più complessi che richiedono da parte del leader una maggiore flessibilità e sensibilità.

Una delle sfide è la gestione delle aspettative. Leader e membri del team potrebbero avere aspettative divergenti riguardo ai risultati, ai processi e alle relazioni. Il disallineamento delle aspettative può portare a delusioni e disaccordi. Un leader efficace deve essere abile nel gestire e allineare le aspettative attraverso una comunicazione chiara e costante. Questa abilità è strettamente legata all'ascolto attivo, in quanto capire veramente le aspettative delle altre persone spesso richiede di ascoltarle attentamente.

Inoltre, la gestione del cambiamento è una sfida persistente nella leadership. I cambiamenti possono essere dettati da vari fattori, come innovazioni tecnologiche, concorrenza di mercato o sviluppi interni. I leader devono essere in grado di guidare il loro team attraverso fasi di transizione, spesso in presenza di resistenze. Ciò richiede una combinazione di empatia per capire le paure e le preoccupazioni del team e resilienza per rimanere focalizzati sulle mete a lungo termine.

Un altro aspetto è la costruzione e la manutenzione della cultura organizzativa. Ogni organizzazione ha la sua cultura, che può variare da estremamente gerarchica a più orizzontale e collaborativa. La cultura organizzativa è in gran parte modellata dal comportamento e dalle aspettative del leader. Questo significa che ogni azione, decisione o comunicazione da parte del leader può avere un impatto significativo sulla cultura dell'organizzazione. Una cultura tossica può sfavorire l'innovazione, abbassare la morale e ridurre la produttività, quindi un leader deve essere molto consapevole dell'impatto che può avere.

La gestione della diversità è anche una sfida notevole. I team diversificati possono portare una varietà di prospettive e soluzioni ai problemi, ma possono anche portare a malintesi e tensioni. La capacità di un leader di valorizzare la diversità e incorporare una vasta gamma di punti di vista è strettamente correlata alla sua capacità di mostrare empatia e ascolto attivo.

Inoltre, la questione della responsabilità etica è sempre più al centro dell'attenzione. Con la crescente consapevolezza dei problemi sociali, ambientali e di governance, i leader si trovano sempre più spesso sotto pressione per agire in modo etico e responsabile. Questo non solo richiede una solida comprensione delle questioni etiche ma anche la capacità di agire come modelli di ruolo e influenzare positivamente la cultura etica all'interno dell'organizzazione.

Queste e molte altre sfide compongono un quadro complesso che ogni leader deve navigare. Ogni sfida può manifestarsi in vari gradi e forme, e spesso si sovrappongono e interagiscono in modi imprevisti. Essere un leader efficace, quindi, non è solo questione di avere un insieme definito di competenze o di seguire una serie di passaggi; è un processo continuo di apprendimento, adattamento e crescita.

Un aspetto significativo delle sfide della leadership riguarda la capacità di adattarsi alle nuove tecnologie. Viviamo in un'era in cui la digitalizzazione, l'automazione e l'Intelligenza Artificiale stanno rapidamente trasformando il mondo del lavoro. Queste innovazioni richiedono che i leader non solo comprendano le nuove tecnologie, ma siano anche in grado di guidare i loro team attraverso l'adozione e l'integrazione di tali tecnologie nei processi esistenti. Ciò può comportare resistenza da parte dei membri del team che potrebbero sentirsi minacciati dalle nuove tecnologie o non avere le competenze necessarie per adattarsi.

Un'ulteriore sfida per i leader moderni è la gestione del benessere e della salute mentale dei propri dipendenti. L'aumento della consapevolezza riguardo alla salute mentale e al benessere sul posto di lavoro ha posto una maggiore enfasi sulla necessità di leader compassionevoli e comprensivi. Questo significa creare un ambiente di lavoro in cui le persone si sentano al sicuro nel discutere le proprie preoccupazioni e necessità, e in cui vi sia supporto adeguato per affrontare questioni come lo stress, l'ansia o la depressione.

Un altro campo emergente è quello della sostenibilità e responsabilità sociale d'impresa. I consumatori, oggi più che mai, sono consapevoli dell'impatto ambientale e sociale delle aziende con cui fanno affari. Questo ha portato a una maggiore pressione sui leader aziendali per garantire che le loro organizzazioni non solo siano redditizie, ma anche eticamente responsabili. Questo significa prendere decisioni che bilanciano il profitto con l'impatto sulla società e sull'ambiente, una sfida che può spesso presentare dilemmi complicati.

Inoltre, la leadership in contesti multiculturali e globalizzati è diventata una componente fondamentale delle sfide moderne. I leader devono ora essere in grado di operare e comunicare efficacemente attraverso diverse culture, lingue e norme sociali. Ciò richiede una comprensione profonda delle differenze culturali, nonché la capacità di costruire ponti e trovare terreni comuni in contesti diversificati.

La crescente complessità dei mercati, l'interconnessione delle economie e la velocità delle comunicazioni hanno anche reso la capacità di prendere decisioni rapide ma informate più cruciale che mai. I leader devono ora essere in grado di elaborare una grande quantità di informazioni, identificare le tendenze e prendere decisioni strategiche in tempi brevi, pur garantendo che tali decisioni siano basate su dati solidi e siano nel migliore interesse a lungo termine dell'organizzazione.

Un'ulteriore considerazione è l'aspettativa di trasparenza. In un'era in cui le informazioni sono facilmente accessibili e le organizzazioni sono sempre più sotto i riflettori, i leader devono essere preparati a operare in un ambiente in cui la trasparenza è attesa e richiesta. Questo può comportare la gestione di questioni delicate come la divulgazione di informazioni, la gestione delle crisi o la risposta alle preoccupazioni del pubblico.

Infine, c'è la sfida dell'equilibrio tra autorità e umiltà. Mentre i leader devono esercitare autorità per prendere decisioni e fornire direzione, è altrettanto importante che mostrino umiltà, riconoscendo i propri errori e imparando dai feedback. L'umiltà può aiutare a costruire la fiducia e il rispetto tra leader e team, creando un ambiente di lavoro più collaborativo e produttivo.

La leadership, come concezione, è una delle competenze più ambite e, al contempo, una delle più complesse da perfezionare. Le sfide della leadership contemporanea sono molteplici e interconnesse, richiedendo ai leader di sviluppare una serie di competenze che vanno oltre la semplice capacità di dirigere o comandare.

Iniziando dalla gestione dei conflitti, ogni leader dovrebbe possedere le competenze necessarie per navigare e risolvere disaccordi e tensioni in modo costruttivo. Questo non significa solo arbitrare le dispute, ma creare un ambiente in cui le differenze vengono viste come opportunità per l'apprendimento e la crescita piuttosto che come ostacoli.

Parallelamente, l'ascolto attivo è una componente cruciale di una comunicazione efficace. Un leader che ascolta realmente le preoccupazioni, le idee e le opinioni dei suoi collaboratori può fare decisioni più informate e costruire un ambiente di lavoro più inclusivo. Questo tipo di ascolto va oltre la semplice ricezione di informazioni; implica comprensione, elaborazione e risposta adeguata.

L'empatia, a sua volta, è strettamente legata all'ascolto attivo. Essere empatici significa mettersi nei panni degli altri, comprendere le loro emozioni e prospettive. In un contesto lavorativo, l'empatia può aiutare a formare legami più profondi con i membri del team, migliorare la morale e persino guidare a decisioni aziendali più etiche ed equilibrate.

La resilienza, infine, rappresenta la capacità di un leader di rimanere saldo di fronte alle avversità, di apprendere dai fallimenti e di avanzare nonostante gli ostacoli. In un mondo aziendale in continuo cambiamento, dove le crisi possono emergere inaspettatamente, la resilienza è spesso ciò che distingue le aziende di successo da quelle che faticano a sopravvivere.

Concludendo, la leadership moderna non si riduce a una singola competenza o abilità, ma è piuttosto una combinazione di molte competenze interconnesse che, quando coltivate e messe in pratica, possono portare a una gestione efficace e innovativa. Le sfide della leadership possono apparire imponenti, ma affrontarle con intenzionalità e impegno può portare a una crescita significativa sia a livello personale che organizzativo.

10. Leadership e Etica: La responsabilità morale dei leader e l'importanza dell'integrità.

La leadership non si limita alla capacità di guidare e dirigere; implica anche una profonda responsabilità etica. Il ruolo dei leader non si esaurisce nella mera gestione o nella realizzazione degli obiettivi organizzativi; si estende anche alla salvaguardia dei valori, all'onestà, e all'integrità nell'ambito delle loro funzioni. Questa connessione tra leadership ed etica è fondamentale in un mondo dove la fiducia nel leadership è sempre più sfidata da scandali, corruzione, e comportamenti non etici.

1. La Natura della Responsabilità Morale:

I leader, data la loro posizione di influenza, hanno una responsabilità intrinseca verso coloro che guidano. La loro posizione richiede che prendano decisioni che possono avere impatti significativi sul benessere, sulla carriera, e persino sulla vita delle persone. Questa profonda responsabilità implica un elevato standard morale. Non si tratta solo di fare ciò che è giusto per l'organizzazione, ma di fare ciò che è giusto, punto.

2. Integrità come Fondamento della Leadership:

L'integrità è spesso vista come uno dei tratti più importanti e rispettati in un leader. Un leader integro è coerente nelle sue azioni, valori, metodi, misure e principi. Questa coerenza genera fiducia, una componente essenziale per la leadership efficace. Senza integrità, la fiducia può essere rapidamente erosa, compromettendo la capacità del leader di guidare efficacemente.

3. Il Ruolo del Codice Etico:

Molte organizzazioni adottano codici etici per guidare il comportamento dei loro leader e dipendenti. Questi codici servono come bussola morale, delineando gli standard di comportamento attesi e fornendo un riferimento in caso di dilemmi etici. Tuttavia, un codice etico è efficace solo se sostenuto da una cultura organizzativa che valorizza l'etica e l'integrità.

4. Le Decisioni Difficili e l'Etica:

I leader spesso si trovano a dover prendere decisioni difficili che possono avere implicazioni etiche. In questi momenti, la vera natura etica di un leader viene messa alla prova. Bilanciare le esigenze dell'organizzazione con quelle dei dipendenti, degli stakeholder e della società nel suo complesso richiede una riflessione profonda e un impegno verso l'etica.

5. La Responsabilità del Leader di Coltivare una Cultura Etica:

Oltre a comportarsi in modo etico, i leader hanno la responsabilità di coltivare una cultura organizzativa che valorizza e promuove l'etica. Questo include l'incoraggiamento della trasparenza, la promozione della responsabilità e la creazione di un ambiente in cui i dipendenti si sentano sicuri nel segnalare comportamenti non etici.

La relazione tra leadership ed etica va ben oltre una semplice lista di principi da seguire. Il suo tessuto si intreccia strettamente con la psicologia, la sociologia, e persino la filosofia. Quando un leader opera in un contesto, l'ambiente in cui agisce è permeato dai suoi valori e dalla sua integrità, ma come si traduce tutto questo nel quotidiano?

Le sfide dell'etica in un mondo globalizzato:

In un mondo sempre più interconnesso, le decisioni di un leader in un angolo del mondo possono avere ripercussioni a migliaia di chilometri di distanza. La globalizzazione ha ampliato l'ambito di responsabilità dei leader. Non basta più essere etici nel proprio piccolo ambiente; bisogna considerare le ramificazioni delle proprie azioni su scala globale. Questo richiede una profonda consapevolezza delle diverse culture, normative e aspettative sociali.

L'etica digitale:

Con la digitalizzazione e l'era dell'informazione, i leader si trovano ad affrontare nuove sfide etiche. La raccolta e l'uso dei dati, la privacy online, la gestione delle informazioni e l'etica della tecnologia emergente (come l'intelligenza artificiale) sono questioni che i leader contemporanei devono affrontare. La tentazione di utilizzare la tecnologia per un vantaggio competitivo può entrare in conflitto con la necessità di operare eticamente.

Il dilemma del breve termine contro il lungo termine:

In molti ambienti aziendali, c'è una pressione incessante per produrre risultati a breve termine. Questa pressione può spingere alcuni leader a prendere scorciatoie o a prendere decisioni che sono vantaggiose nel breve periodo ma dannose nel lungo termine. Un leader etico deve saper bilanciare queste pressioni, tenendo a mente sia gli interessi immediati sia quelli futuri della sua organizzazione e delle parti interessate.

Formazione e sviluppo etico:

Se l'etica è fondamentale per la leadership, allora come si coltiva in un individuo? La formazione e lo sviluppo etico dovrebbero essere una parte integrante del percorso di ogni leader. Ciò potrebbe includere la formazione formale, la mentoria, le discussioni sui dilemmi etici e l'apprendimento da esperienze passate (sia positive che negative).

La responsabilità verso le future generazioni:

Un leader etico non si preoccupa solo delle persone che sono direttamente sotto la sua guida oggi, ma anche delle future generazioni. Questo è particolarmente evidente quando si tratta di questioni come la sostenibilità ambientale, dove le decisioni di oggi possono avere un impatto per decenni o secoli a venire.

Il ruolo del leader come modello di riferimento:

Infine, ma non meno importante, un leader non dovrebbe mai sottovalutare l'importanza del suo ruolo come modello di riferimento. Le persone osservano attentamente ciò che fanno i leader, e spesso modellano il proprio comportamento basandosi su quello che vedono. Se un leader agisce con integrità, onestà e trasparenza, incoraggia gli altri a fare lo stesso.

In sintesi, mentre la connessione tra leadership ed etica può sembrare chiara sulla carta, nella pratica può diventare estremamente complessa. I leader di oggi devono navigare in un paesaggio in continua evoluzione, bilanciando le esigenze del presente con le responsabilità del futuro.

Ruolo delle organizzazioni nella promozione dell'etica nella leadership:
Sebbene la responsabilità etica ultima ricada sul singolo leader, le organizzazioni hanno un ruolo cruciale nel promuovere un ambiente in cui l'etica è valorizzata. L'implementazione di codici di condotta, la formazione etica e la creazione di comitati etici sono solo alcune delle iniziative che le organizzazioni possono intraprendere. Quando un'organizzazione valuta l'etica come una parte fondamentale del suo DNA, facilita la crescita di leader che operano con integrità.

Il concetto di 'etica situazionale':
Non sempre ciò che è considerato etico in una situazione è lo stesso in un'altra. I leader,

specialmente quelli che operano a livello internazionale, devono spesso fare i conti con 'etica situazionale', dove le aspettative etiche variano a seconda del contesto. Mentre la tentazione potrebbe essere quella di adattarsi completamente alle norme locali, un vero leader etico cerca un equilibrio tra rispetto delle norme locali e aderenza ai principi etici universali.

La connessione tra etica e fiducia:
L'etica e la fiducia sono intrinsecamente collegate. Quando un leader agisce con integrità e mostra coerenza etica, guadagna la fiducia di coloro che lo circondano. Questa fiducia, a sua volta, può tradursi in lealtà, dedizione e un senso di appartenenza tra i membri del team. Al contrario, quando un leader compie azioni non etiche, può rapidamente erodere la fiducia e danneggiare la cultura organizzativa.

Realtà virtuali e etica:
Con la crescente popolarità delle realtà virtuali e aumentate, i leader si trovano a dover navigare in nuovi territori etici. Questi mondi virtuali possono presentare dilemmi unici, come la definizione di ciò che è reale e ciò che è virtuale, le implicazioni di azioni in un ambiente virtuale e la protezione della privacy e dell'identità in questi spazi.

L'etica nei media e la leadership:

I leader di oggi vivono sotto il costante occhio dei media. Un singolo errore o giudizio errato può essere ampiamente pubblicizzato e criticato. Questa pressione mediatica può influenzare le decisioni etiche, con leader che potrebbero essere tentati di nascondere errori o evitare la responsabilità. Tuttavia, un leader autenticamente etico riconosce l'importanza della trasparenza e dell'accountability, anche in situazioni di pressione mediatica.

L'etica della sostenibilità:

Oltre alla sostenibilità ambientale, c'è una crescente consapevolezza dell'importanza della sostenibilità sociale ed economica. Questo si traduce in questioni come la giustizia salariale, le condizioni di lavoro eque e la creazione di un impatto positivo sulle comunità locali. I leader di oggi devono considerare questi fattori nel prendere decisioni che riguardano non solo la loro organizzazione ma anche la società nel suo complesso.

L'auto-riflessione e la crescita etica:

Infine, per un leader, la crescita etica è un viaggio continuo che richiede auto-riflessione. Riconoscere i propri bias, sfidare le proprie convinzioni e cercare costantemente di migliorarsi sono tutti aspetti cruciali di questo viaggio. Attraverso l'auto-riflessione, un leader può rafforzare la propria comprensione dell'etica e assicurarsi di agire con integrità in ogni situazione.

L'etica non è solo una lista di regole e principi; essa rappresenta il cuore e l'anima di un'organizzazione e delle persone che la guidano. La leadership etica, pertanto, assume una rilevanza cruciale nell'ecosistema delle organizzazioni moderne e nella società in generale.

L'Essenza dell'Etica nella Leadership:
L'integrità e l'etica vanno di pari passo. L'integrità rappresenta la coerenza delle azioni, dei valori, dei metodi, delle misure, dei principi, delle aspettative e degli esiti. Essa riflette l'onesta autenticità di un individuo. Un leader, quale modello di riferimento per molti, deve possedere una solida integrità che, combinata con principi etici fermi, guida ogni sua decisione e azione.

Il Ruolo delle Organizzazioni:
La cultura di un'organizzazione può influenzare

in modo significativo il comportamento etico dei suoi membri. Organizzazioni con una forte cultura etica tendono a sostenere i leader nel fare scelte giuste, anche quando queste potrebbero non essere le più convenienti. Programmi di formazione, codici di condotta chiari e linee guida etiche aiutano a cementare un'etica forte all'interno di un'organizzazione.

I Dilemmi Etici e la Responsabilità del Leader:

Ogni leader, indipendentemente dal suo ruolo o settore, affronta dilemmi etici. Questi possono variare dalla gestione delle risorse e dei conflitti all'interazione con i clienti o alla definizione delle strategie aziendali. In ogni situazione, un leader è chiamato a ponderare le implicazioni morali delle proprie azioni e a decidere in base a ciò che è giusto, non solo a ciò che è conveniente o profittevole.

Impatto Sociale e Responsabilità:

La leadership etica va oltre la sola organizzazione. Essa ha profonde implicazioni per la società in generale. I leader influenzano l'economia, l'ambiente, le comunità e le vite delle persone. La loro capacità di prendere decisioni etiche può avere un impatto che va ben oltre il bilancio dell'azienda, influenzando l'intero tessuto sociale.

La Visione a Lungo Termine:

Mentre la tentazione potrebbe essere quella di concentrarsi sugli obiettivi a breve termine, un leader etico guarda sempre al quadro generale. Essi riconoscono che le decisioni prese oggi possono avere conseguenze a lungo termine e si sforzano di garantire che queste decisioni siano sostenibili e benefiche non solo per l'organizzazione, ma anche per la società nel suo complesso.

Conclusione:

In definitiva, la leadership etica rappresenta un impegno profondo e continuo. Non si tratta di scegliere la via etica quando è conveniente, ma di aderire a principi morali anche quando è difficile. Per i leader che si impegnano veramente in questo percorso, i benefici non sono solo tangibili in termini di successo aziendale, ma anche nell'immateriale, nel rispetto e nella fiducia guadagnata da coloro che li circondano. In un mondo in rapida evoluzione, dove le sfide morali possono presentarsi in forme sempre nuove, la capacità di un leader di rimanere fedele a principi etici solidi sarà la sua bussola più preziosa.

11.   Tecniche e Strumenti: Strumenti e tecniche per migliorare le abilità di leadership.

Tecniche e Strumenti: Strumenti e tecniche per migliorare le abilità di leadership.

Migliorare le proprie abilità di leadership è una sfida costante che richiede dedizione, pratica e autoconsapevolezza. Diverse tecniche e strumenti possono aiutare i leader ad affinare le loro capacità e ad adattarsi ai cambiamenti del contesto lavorativo e sociale.

1. Formazione e Workshop:

Partecipare a corsi e seminari di formazione sulla leadership può offrire approfondimenti preziosi e tecniche avanzate. La formazione formale può coprire argomenti come comunicazione, gestione dei conflitti e sviluppo di team.

2. Coaching e Mentoring:

Un coach o un mentore esperto può offrire una guida personalizzata, aiutando i leader a individuare e affrontare le loro specifiche aree di debolezza e a potenziare i loro punti di forza.

3. 360 Gradi di Feedback:

Questo strumento consente ai leader di ricevere feedback da colleghi, superiori e subordinati, offrendo una visione completa del loro stile di leadership e delle aree di miglioramento.

4. Diari di Riflessione:

Mantenere un diario delle sfide quotidiane, delle decisioni prese e delle loro conseguenze aiuta i leader a riflettere sulle proprie azioni e a imparare dai propri errori e successi.

5. Role-Playing:

Simulare situazioni specifiche attraverso il role-playing può aiutare i leader a sviluppare empatia, capacità decisionali e competenze di negoziazione.

6. Analisi SWOT Personale:

Analogamente a come si analizza un'organizzazione, i leader possono effettuare un'analisi SWOT su se stessi, identificando Punti di Forza, Debolezze, Opportunità e Minacce relative alle loro capacità di leadership.

7. Libri e Materiale di Lettura:

Numerosi libri offrono approfondimenti su vari aspetti della leadership, dai metodi classici ai concetti più moderni. La lettura può ampliare la prospettiva dei leader e fornire nuove idee e strategie.

8. Gruppi di Discussione:

Unirsi o formare gruppi di discussione con altri leader o professionisti offre l'opportunità di condividere esperienze, sfide e soluzioni, promuovendo l'apprendimento collaborativo.

9. Strumenti Tecnologici:

Sono disponibili diverse app e software che possono aiutare i leader a migliorare le loro capacità, dall'organizzazione del tempo alla gestione dei progetti e alla comunicazione con i team.

10. Meditazione e Mindfulness:

Queste pratiche aiutano a sviluppare la presenza mentale, la pazienza e la capacità di gestire lo stress, tutte competenze essenziali per una leadership efficace.

Nel vasto panorama dello sviluppo della leadership, esistono molteplici approcci che possono essere ulteriormente esplorati, ognuno dei quali può fornire un angolo di vista unico e prezioso. La leadership, in effetti, è una disciplina in continua evoluzione e, a seconda delle esigenze e delle circostanze, possono emergere nuove tecniche e strumenti per affrontare sfide specifiche.

11. Analisi Comportamentale:

Tecnologie come l'analisi dei big data stanno offrendo nuovi modi per comprendere i comportamenti dei leader. Attraverso l'analisi comportamentale, è possibile tracciare schemi e tendenze nelle decisioni e nelle azioni, offrendo una prospettiva dettagliata su come un leader reagisce in diverse situazioni.

12. Feedback Continuo:

Al di là del tradizionale feedback a 360 gradi, molte organizzazioni stanno adottando piattaforme di feedback continuo, in cui i membri del team possono fornire commenti e suggerimenti in tempo reale. Ciò consente ai leader di adattarsi rapidamente e di rispondere alle esigenze del team in modo proattivo.

13. Simulazioni Virtuali:

Con l'avvento della realtà virtuale e aumentata, i leader possono ora immergersi in simulazioni che replicano scenari reali, permettendo loro di testare le loro capacità in un ambiente sicuro e controllato.

14. Analisi delle Reti Sociali:

Comprendere come le informazioni fluiscono all'interno di un'organizzazione è fondamentale. Gli strumenti di analisi delle reti sociali mappano le relazioni tra individui e gruppi, mostrando come la comunicazione e l'influenza si diffondono.

15. Formazione Esperienziale:

Invece di dipendere esclusivamente dalla teoria, la formazione esperienziale pone i leader in situazioni in cui possono apprendere facendo. Che si tratti di escursioni di team-building o di progetti reali, l'apprendimento basato sull'esperienza può avere un impatto profondo.

16. Pianificazione della Successione:

Strumenti e software dedicati alla pianificazione della successione possono aiutare i leader e le organizzazioni a identificare e formare futuri leader, garantendo una transizione fluida e una continuità della leadership.

17. Esercizi di Introspezione:

Tecniche come la "scrittura riflessiva" o la "meditazione camminata" possono aiutare i leader a collegarsi con i loro pensieri interni, valutando le proprie motivazioni, paure e aspirazioni.

18. Peer Learning:

L'apprendimento tra pari offre ai leader l'opportunità di imparare direttamente dai loro colleghi, sfruttando le diverse esperienze e prospettive presenti all'interno dell'organizzazione.

19. Tecniche di Ascolto Avanzato:

Oltre all'ascolto attivo, ci sono numerose tecniche, come l'ascolto empatico o l'ascolto globale, che possono aiutare i leader a comprendere meglio e più profondamente le persone con cui interagiscono.

20. Biofeedback e Neurofeedback:

Queste tecniche sfruttano la tecnologia per fornire ai leader informazioni in tempo reale sulle loro reazioni fisiche e mentali. Ad esempio, possono imparare a riconoscere quando sono sotto stress e ad adottare tecniche per gestirlo.

21. Gamification:

L'uso di elementi ludici nel contesto aziendale ha guadagnato terreno come mezzo per sviluppare abilità di leadership. Mediante l'uso di giochi, simulazioni e sfide, i leader possono affinare le loro competenze in un ambiente meno formale e spesso più coinvolgente.

22. Coaching Esecutivo:

Il coaching è un approccio orientato alla soluzione per aiutare i leader a identificare e superare ostacoli specifici. I coach possono offrire feedback, strumenti e strategie su misura per le esigenze individuali.

23. Mentoring Inverso:

Qui, i leader più anziani o esperti sono affiancati da membri più giovani del team, spesso per guadagnare una nuova prospettiva o apprendere competenze relative alle nuove tecnologie.

24. Diari di Leadership:

Tenere un diario delle proprie esperienze, sfide e riflessioni può essere un mezzo potente per l'introspezione e la crescita personale.

25. Reti di Leadership:

Unirsi a gruppi o reti di leader provenienti da vari settori può arricchire la propria comprensione e fornire diverse prospettive sulla leadership.

26. Formazione Cross-funzionale:

Esporsi a diverse funzioni aziendali può ampliare la comprensione dei leader sulle dinamiche aziendali e aiutarli a sviluppare una mentalità più olistica.

27. Mastermind Groups:

Gruppi di persone che si riuniscono regolarmente per discutere sfide, condividere risorse e offrire sostegno reciproco. Questi gruppi possono offrire una combinazione di brainstorming, apprendimento e supporto peer-to-peer.

28. Apprendimento Basato su Progetti:

Impegnarsi in progetti reali e tangibili può offrire ai leader una profonda comprensione pratica di determinate aree, consentendo loro di applicare immediatamente ciò che hanno appreso.

29. Strumenti di Valutazione della Personalità:

Test come il Myers-Briggs Type Indicator o il Disc Assessment possono fornire ai leader una profonda introspezione sulle loro tendenze comportamentali e su come potrebbero interagire con gli altri.

30. Laboratori di Innovazione:

Questi sono spazi in cui i leader possono sperimentare nuove idee, prototipare soluzioni e ricevere feedback in un ambiente a basso rischio.

31. Tecniche di Visualizzazione:

La capacità di visualizzare successi, sfide e soluzioni potenziali può essere uno strumento potente nella cassetta degli attrezzi di un leader. Questa pratica può aiutare a chiarire obiettivi e tracciare percorsi per raggiungerli.

32. Formazione sulla Mindfulness:

La mindfulness, o consapevolezza, aiuta i leader a rimanere centrati, presenti e reattivi piuttosto che reattivi. Essere consapevoli delle proprie emozioni e reazioni può aiutare nella presa di decisioni e nella gestione dello stress.

33. Workshop Immersivi:

Questi laboratori sono progettati per immergere completamente i partecipanti in un argomento o in una sfida, spesso allontanandoli dal loro ambiente di lavoro abituale per minimizzare le distrazioni.

34. Formazione sulla Gestione del Cambiamento:

Con il mondo in rapido cambiamento, i leader devono essere equipaggiati con gli strumenti e le tecniche per gestire e guidare il cambiamento in modo efficace.

Questi sono solo alcuni degli innumerevoli strumenti e tecniche disponibili per sviluppare la leadership. La chiave sta nell'essere aperti all'apprendimento e nell'adattare gli strumenti in base alle esigenze specifiche del leader e dell'organizzazione.

Tecniche e Strumenti: Strumenti e tecniche per migliorare le abilità di leadership.

Nell'era moderna, con un ambiente di lavoro in costante evoluzione, le competenze richieste ai leader si stanno continuamente espandendo. Oltre alle competenze tradizionali, come la capacità di dirigere un team o di prendere decisioni informate, i leader di oggi devono essere resilienti, empatici, innovativi e capaci di gestire la diversità e la complessità. Di conseguenza, c'è un'enfasi crescente sullo sviluppo e la formazione continua, e per questo sono stati creati diversi strumenti e tecniche specifici.

La Gamification ha dimostrato di essere una potente leva motivazionale, permettendo ai leader di esercitarsi in situazioni simulata e di confrontarsi con problemi reali in un contesto protetto.

Il **Coaching Esecutivo** affronta le sfide individuali dei leader, offrendo un'esperienza su misura e concentrata sulle aree di miglioramento specifiche, con l'obiettivo di portare a una trasformazione autentica e duratura.

Il **Mentoring Inverso** rappresenta un riconoscimento del fatto che l'apprendimento può provenire da qualsiasi livello dell'organizzazione. La saggezza e l'esperienza dei leader esperti sono fondamentali, ma le prospettive fresche e le competenze digitali dei giovani professionisti sono altrettanto preziose.

I **Diari di Leadership** promuovono l'auto-riflessione, un'abilità cruciale in un mondo dove l'adattamento e l'auto-miglioramento sono essenziali.

Le **Reti di Leadership** e i **Mastermind Groups** offrono opportunità di networking, condivisione e apprendimento reciproco. In queste reti, i leader possono condividere sfide, trionfi e lezioni apprese, ampliando il loro orizzonte e acquisendo nuove prospettive.

Le **Tecniche di Visualizzazione** e la **Formazione sulla Mindfulness** portano attenzione all'importanza della salute mentale e del benessere, riconoscendo che un leader deve prima prendersi cura di sé per poter prendersi cura degli altri.

Laboratori di Innovazione e **Workshop Immersivi** sono strumenti pratici che promuovono l'innovazione e la crescita. Essi permettono ai leader di sperimentare, prototipare e innovare in un ambiente supportivo.

Infine, la **Formazione sulla Gestione del Cambiamento** è vitale in un mondo in cui il cambiamento è l'unica costante. I leader devono non solo gestire il cambiamento, ma anche guidare i loro team attraverso di esso, rendendo questo tipo di formazione essenziale.

In conclusione, gli strumenti e le tecniche per migliorare le abilità di leadership sono tanto diversificati quanto le sfide che i leader di oggi devono affrontare. La chiave per un leader efficace non risiede nella padronanza di uno strumento o di una tecnica specifica, ma nella volontà di apprendere e adattarsi continuamente, sfruttando la vasta gamma di risorse disponibili per il suo sviluppo professionale.

12. Leadership e Innovazione: Come i leader possono promuovere e sostenere l'innovazione.

L'innovazione è il motore di molte aziende di successo nell'era moderna. Nel contesto attuale, caratterizzato da una rapida evoluzione tecnologica e da un ambiente di mercato in costante mutamento, l'innovazione non è solo desiderabile, ma spesso necessaria per la sopravvivenza e la prosperità a lungo termine di un'organizzazione. I leader hanno un ruolo cruciale nel guidare e sostenere questo spirito innovativo.

1. **Cultura dell'Innovazione:** I leader devono innanzitutto creare una cultura aziendale che valorizzi e premi l'innovazione. Questo può significare accettare il rischio, tollerare gli errori (considerandoli opportunità di apprendimento) e incentivare la sperimentazione. Una cultura aperta, in cui le idee possono fluire liberamente senza paura di critiche, è essenziale per promuovere la creatività.

2. **Strutturazione Organizzativa:** Un ambiente di lavoro flessibile e non gerarchico può facilitare il flusso di idee e ridurre gli ostacoli burocratici. Alcune aziende implementano squadre cross-funzionali o unità di innovazione separate per concentrarsi esclusivamente su nuovi prodotti o soluzioni.

3. **Formazione Continua:** Offrire formazione continua ai membri del team non solo migliora le competenze esistenti, ma introduce anche nuovi concetti e tecnologie, alimentando un approccio innovativo al problem-solving.

4. **Collaborazione Esterna:** La collaborazione con università, start-up, incubatori o altre imprese può offrire nuove prospettive e accesso a competenze e risorse che potrebbero non essere disponibili internamente.

5. **Risorse Adeguate:** L'innovazione richiede spesso investimenti. Che si tratti di tempo, denaro o risorse umane, i leader devono assicurarsi di allocare le risorse

necessarie per sperimentare e sviluppare nuove idee.

6. **Ascolto Attivo:** I leader innovativi sono ottimi ascoltatori. Prestano attenzione alle esigenze dei clienti, alle tendenze del mercato, ai feedback dei dipendenti e adattano le loro strategie di conseguenza.

7. **Lead by Example:** I leader devono essere i primi a dimostrare un pensiero innovativo, sperimentare nuove idee e approcci e incoraggiare gli altri a fare lo stesso.

8. **Riconoscimento e Ricompensa:** Riconoscere e premiare le idee innovative e gli sforzi dei membri del team può incentivare ulteriormente la creatività e l'impegno verso l'innovazione.

9. **Comunicazione Chiara:** I leader devono comunicare chiaramente la visione e gli obiettivi dell'innovazione all'interno dell'organizzazione, assicurando che tutti siano allineati e indirizzati nella stessa direzione.

10. **Adattabilità:** Infine, i leader devono essere pronti a adattarsi. L'innovazione può portare a cambiamenti inattesi, e la capacità di un leader di navigare attraverso questi cambiamenti, mantenendo al contempo un focus sulla visione a lungo termine, è fondamentale.

In sintesi, l'innovazione non è un evento singolo, ma piuttosto un processo continuo che richiede impegno, risorse e una mentalità aperta. I leader che riescono a integrare l'innovazione nella cultura, nella struttura e nelle operazioni quotidiane delle loro organizzazioni sono quelli che probabilmente guideranno le loro squadre verso un successo duraturo nel mercato moderno.

Leadership e Innovazione: Ulteriori Riflessioni

Visione a Lungo Termine: I leader efficaci hanno la capacità di vedere oltre l'orizzonte immediato. Mentre gli altri si concentrano sulle operazioni quotidiane, questi leader sono in grado di immaginare come potrebbero apparire i prodotti, i servizi o i mercati in futuro. Questa visione a lungo termine consente loro di anticipare le sfide e le opportunità, tracciando una rotta che posiziona la loro organizzazione in una posizione di vantaggio.

Ambienti Sicuri per la Sperimentazione: Non ogni idea innovativa avrà successo, e ciò è compreso dai leader di successo. Essi creano ambienti in cui i loro team si sentono al sicuro nel proporre nuove idee, anche se potrebbero fallire. Questo tipo di ambiente elimina la paura del fallimento e incoraggia una mentalità di "prova e apprendimento", che è fondamentale per l'innovazione.

Mantenere una Mentalità Curiosa: La curiosità è una caratteristica distintiva dei leader innovativi. Sono sempre alla ricerca di nuovi approcci, nuove tecnologie e nuovi modelli di business. Questa incessante ricerca di "cosa c'è di là fuori" li aiuta a rimanere in cima ai cambiamenti nel mercato e a portare nuove idee all'interno dell'organizzazione.

Rete di Connessioni: I leader innovativi tendono ad avere una vasta rete di contatti in diverse industrie e settori. Queste connessioni offrono una preziosa fonte di ispirazione e una diversa prospettiva su problemi o sfide. Collaborare con persone al di fuori del proprio settore può portare a soluzioni innovative che non sarebbero state possibili altrimenti.

Osservare e Analizzare i Dati: Nell'era digitale, i dati sono una miniera d'oro di informazioni. I leader innovativi utilizzano strumenti e tecnologie per analizzare questi dati e trarre insight che possono guidare decisioni strategiche. Questo approccio basato sui dati garantisce che l'innovazione sia guidata non solo dall'intuizione, ma anche da prove concrete.

Equilibrio tra Conservazione e Rinnovamento: Mentre l'innovazione è cruciale, è altrettanto importante mantenere ciò che funziona. I leader innovativi sanno quando innovare e quando conservare. Trovano un equilibrio tra l'adozione di nuove idee e il mantenimento delle tradizioni e delle pratiche che hanno funzionato in passato.

Feedback Continuo: L'innovazione non è un percorso lineare. Richiede iterazioni e miglioramenti continui. I leader che promuovono l'innovazione incoraggiano un flusso costante di feedback da parte dei clienti, dei partner e dei membri del team, utilizzandolo per affinare e migliorare le nuove idee.

Importanza della Cultura Organizzativa nell'Innovazione: Una delle principali influenze sulla capacità di un'organizzazione di innovare è la sua cultura. Se la cultura di un'organizzazione valorizza la creatività, l'apprendimento e la sperimentazione, è più probabile che emergano idee innovative. Al contrario, una cultura che punisce l'errore e valuta esclusivamente la conformità e la performance a breve termine può soffocare qualsiasi tentativo di innovazione.

Formazione e Apprendimento Continuo: Il cambiamento e l'innovazione vanno di pari passo. I leader che desiderano promuovere l'innovazione incoraggiano la formazione e l'apprendimento continuo. Che si tratti di corsi formalizzati, seminari, workshop o semplici sessioni di brainstorming, questi leader comprendono l'importanza di mantenere se stessi e i loro team informati e pronti ad adattarsi a nuovi metodi e tecnologie.

Adottare un Approccio Olistico: Mentre molte persone associano l'innovazione principalmente a nuovi prodotti o tecnologie, i leader innovativi riconoscono che può manifestarsi in molti modi. Può trattarsi di innovare nei processi interni, nel modello di business, nella strategia di marketing o nell'approccio al servizio clienti. Guardare all'innovazione da diverse angolazioni può portare a scoperte inaspettate.

Incoraggiare la Diversità di Pensiero: La diversità non si riferisce solo a caratteristiche demografiche come genere, etnia o età. La diversità di pensiero è fondamentale per l'innovazione. Riunire persone con diverse esperienze, background e punti di vista può portare a soluzioni più creative e innovative rispetto a gruppi omogenei.

Costruzione di Partnerships Strategiche: In un mondo interconnesso, poche aziende possono permettersi di operare in silos. I leader proattivi nella promozione dell'innovazione spesso cercano partnership e collaborazioni con altre aziende, università, istituti di ricerca o start-up. Queste collaborazioni possono offrire nuove prospettive, competenze e risorse che possono accelerare il processo di innovazione.

Risorse Dedicate all'Innovazione: Sebbene l'innovazione possa emergere da qualsiasi parte di un'organizzazione, avere risorse dedicate, come un team di innovazione o un laboratorio, può aiutare a centralizzare e focalizzare gli sforzi. Queste entità possono esplorare nuove idee senza le pressioni quotidiane delle operazioni aziendali, consentendo loro di sperimentare e testare in un ambiente più controllato.

Ascolto Attivo del Mercato: Oltre a guardare all'interno dell'organizzazione, i leader innovativi mantengono le orecchie ben aperte ai cambiamenti e alle tendenze del mercato. Questo può includere il monitoraggio dei competitor, l'ascolto dei clienti, la partecipazione a fiere del settore o l'osservazione di tendenze globali. Questa sensibilità ai segnali esterni consente loro di anticipare i cambiamenti e di posizionarsi in modo proattivo.

Mantenere un Equilibrio tra Innovazione e Rischi: Mentre l'innovazione richiede una certa dose di rischio, è importante per i leader trovare un equilibrio. Ciò significa valutare attentamente i potenziali rendimenti di un'idea innovativa rispetto ai rischi associati, garantendo che l'organizzazione non si estenda troppo o si esponga a pericoli incontrollati.

In sostanza, la leadership nell'innovazione non si tratta solo di avere grandi idee, ma di creare un ambiente in cui queste idee possono fiorire, essere testate, adattate e infine implementate.

Leadership e Innovazione: Conclusione

L'innovazione è spesso considerata il motore che alimenta la crescita e il successo delle aziende nell'era contemporanea. Tuttavia, l'innovazione non emerge semplicemente dal vuoto. Dietro ogni innovazione di successo, c'è un leader o un team di leadership che guida, ispira, e facilita il processo.

1. **Comprendere l'importanza dell'innovazione**: La leadership efficace riconosce che per rimanere competitivi in un mondo in costante evoluzione, le aziende devono essere pronte a innovare. Questo non significa solo adottare le ultime tecnologie, ma anche riconsiderare regolarmente strategie, processi e modelli di business.

2. **Creare un ambiente propizio all'innovazione**: Questo ambiente promuove la sperimentazione, accetta il fallimento come parte del processo di apprendimento e valorizza la diversità di pensiero. Un leader deve essere abile nell'eliminare gli ostacoli burocratici,

fornire le risorse necessarie e incentivare il pensiero creativo.

3. **Mantenere una prospettiva olistica**: La leadership innovativa riconosce che le opportunità possono emergere da qualsiasi settore dell'organizzazione. L'innovazione non riguarda solo prodotti o tecnologie, ma può riguardare processi, interazioni con i clienti o modelli di business.

4. **Ascolto e Feedback**: Le aziende più innovative spesso adottano approcci orientati al cliente, basati sull'ascolto attivo delle loro esigenze e sull'adattamento delle offerte di conseguenza. La leadership, in questo contesto, è responsabile dell'istituzione di canali di feedback efficaci.

5. **Bilanciare Rischi ed Opportunità**: Se da un lato l'innovazione implica rischi, dall'altro offre opportunità di crescita e differenziazione. La leadership deve quindi bilanciare questi aspetti, comprendendo quando è il momento di prendere iniziative

audaci e quando è opportuno procedere con cautela.

6. **Formazione e Crescita Continua**: Il mondo cambia rapidamente. Le aziende e i leader che investono nella formazione e nell'apprendimento continuo sono meglio posizionati per guidare l'innovazione piuttosto che reagire ad essa.

7. **Collaborazione Esterna e Networking**: Le soluzioni più innovative spesso emergono dalla collaborazione. Che si tratti di partnership con start-up, università o anche concorrenti, le organizzazioni leader nell'innovazione sono quelle che sanno come guardare oltre i propri confini.

In sintesi, la leadership nell'innovazione richiede una combinazione di visione, strategia, esecuzione e adattabilità. Il ruolo del leader non è solo guidare il cambiamento, ma anche ispirare e abilitare gli altri a contribuire al viaggio dell'innovazione. Nel mondo aziendale moderno, dove l'unico costante è il cambiamento, le capacità di guidare l'innovazione non sono solo desiderabili, ma essenziali per la sopravvivenza e il successo a lungo termine.

13. Formazione alla Leadership: L'importanza della formazione continua e dello sviluppo della leadership.

Formazione alla Leadership: L'importanza della formazione continua e dello sviluppo della leadership

In un mondo in rapido cambiamento e in continua evoluzione, la capacità di un leader di adattarsi e di sviluppare nuove competenze è fondamentale. La formazione alla leadership non è un processo unico e definito, ma piuttosto un percorso continuo di crescita e sviluppo. Esaminiamo la natura e l'importanza della formazione alla leadership:

1. **Adattabilità in un Mondo in Cambiamento**: Il panorama aziendale, tecnologico e socio-culturale è in costante mutamento. I leader che investono nella loro formazione sono meglio preparati ad

affrontare queste sfide e a guidare le loro organizzazioni attraverso periodi di turbolenza.

2. **Rinnovare le Competenze**: Anche le competenze di leadership che erano rilevanti ieri potrebbero non esserlo oggi. La formazione continua permette ai leader di rimanere aggiornati sulle ultime tendenze, teorie e abilità di leadership.

3. **Intelligenza Emotiva**: Uno degli aspetti più importanti della leadership è la capacità di comprendere e gestire le proprie emozioni e quelle degli altri. La formazione alla leadership spesso affronta questo aspetto, aiutando i leader a sviluppare l'empatia e la consapevolezza di sé.

4. **Networking**: I corsi e i programmi di formazione offrono l'opportunità di interagire con altri leader e professionisti. Queste interazioni possono portare a nuove prospettive, idee e persino a opportunità di business.

5. **Risolvere Problemi Complessi**: In un mondo sempre più interconnesso, i problemi diventano più complessi. La formazione alla leadership può aiutare a sviluppare abilità di pensiero critico e strategico.

6. **Etica e Integrità**: Con le crescenti aspettative dei consumatori e delle parti interessate sulla trasparenza e l'etica aziendale, è fondamentale che i leader siano formati in modo da prendere decisioni etiche e responsabili.

7. **Mentoring e Coaching**: Un'importante componente della formazione alla leadership è imparare a sviluppare altri talenti. Questo può includere mentoring formale, coaching o persino la creazione di programmi di sviluppo per i futuri leader all'interno dell'organizzazione.

8. **Autovalutazione**: Molti programmi di formazione incoraggiano l'auto-riflessione. Questo permette ai leader di prendersi un momento per valutare i propri punti di forza, debolezze e aree di miglioramento.

9. **Simulazioni e Casi di Studio**: La
formazione spesso utilizza metodi pratici,
come simulazioni o casi di studio, per
aiutare i leader a mettere in pratica ciò che
hanno imparato in un ambiente
controllato.

10. **Cultura dell'Apprendimento**:
Infine, investire nella formazione dei
leader può aiutare a instaurare una cultura
dell'apprendimento all'interno
dell'organizzazione. Questo può portare a
una maggiore apertura al cambiamento e
all'innovazione.

La formazione alla leadership non si limita alle
tradizionali aule o sessioni di formazione. In
realtà, la formazione efficace alla leadership
spesso incorpora una serie di metodologie e
approcci, garantendo un'apprendimento
olistico.

Formazione Esperienziale: Questa è una
forma di formazione dove i partecipanti
apprendono attraverso esperienze concrete,

piuttosto che attraverso la pura teoria. Questo potrebbe includere attività come giochi di ruolo, simulazioni o attività di team building. Questo tipo di formazione aiuta i leader a internalizzare ciò che hanno appreso, mettendo in pratica le loro conoscenze in situazioni del mondo reale.

Feedback 360 Gradi: Questo è un metodo dove i leader ricevono feedback da vari membri del loro team, superiori e pari. Questa panoramica completa fornisce una chiara immagine delle aree di forza e di miglioramento, e può essere uno strumento prezioso per la crescita personale.

Apprendimento Peer-to-Peer: L'apprendimento non avviene solo attraverso un istruttore o un coach, ma anche attraverso l'interazione con gli altri. La condivisione di esperienze e sfide con i pari può offrire preziosi spunti e nuove prospettive.

Formazione Online e Tecnologica: Con l'avvento della tecnologia, la formazione alla leadership non è più limitata alle aule. I webinar, i corsi online, le piattaforme di e-learning e le applicazioni mobili hanno aperto nuove vie per la formazione, permettendo un apprendimento flessibile e personalizzato.

Formazione Cross-funzionale: La leadership non riguarda solo la gestione delle persone; riguarda anche la comprensione delle diverse funzioni all'interno di un'organizzazione. La formazione cross-funzionale espose i leader a diversi dipartimenti e ruoli, aiutandoli a comprendere meglio le sfide e le opportunità in ogni area.

Viaggi di Studio e Visite sul Campo: Visite a altre organizzazioni o addirittura viaggi all'estero per studiare le migliori pratiche possono offrire ai leader una preziosa prospettiva esterna e idee innovative da portare nella loro organizzazione.

Pensiero Riflessivo e Giornalismo: Una parte fondamentale della formazione è la riflessione. Molti programmi incoraggiano i leader a tenere un diario o un giornale, dove possono riflettere sulle loro esperienze, sfide e ciò che hanno imparato.

Metodologie di Coaching e Mentoring:
Mentre il coaching si concentra spesso su
obiettivi specifici e sullo sviluppo di particolari
competenze, il mentoring si concentra su una
relazione di lungo termine, con un mentore che
offre saggezza, esperienza e consigli.

Formazione Culturale: In un mondo
globalizzato, comprendere le diverse culture e
norme è fondamentale. La formazione culturale
prepara i leader a interagire efficacemente con
team, clienti e partner di diverse origini
culturali.

Nel complesso, è chiaro che la formazione alla
leadership è un campo vasto e multiforme. Va
ben oltre le tradizionali sessioni in aula o i
seminari e abbraccia una vasta gamma di
metodologie e approcci. Mentre i metodi
possono variare, l'obiettivo rimane lo stesso:
sviluppare leader capaci, empatici e visionari
pronti ad affrontare le sfide del 21° secolo.

La formazione alla leadership è profondamente
intrecciata con il tessuto dell'apprendimento

continuo. In un ambiente aziendale in rapida evoluzione, i leader non possono più permettersi di appoggiarsi ai loro allori. Ecco perché sono emerse diverse nuove tendenze e pratiche nella formazione alla leadership, che riflettono la necessità di adattarsi e crescere in un mondo in continua evoluzione.

Adattabilità e Apprendimento Agile: In un'era segnata da cambiamenti rapidi e spesso imprevisti, l'abilità di un leader di adattarsi è diventata fondamentale. La formazione ora pone l'accento sull'importanza di sviluppare una mentalità agile, che non si limita ad accettare il cambiamento, ma lo accoglie attivamente e lo vede come un'opportunità.

Intelligenza Emotiva: La capacità di riconoscere, comprendere e gestire le proprie emozioni, così come quelle degli altri, è diventata una competenza chiave. I programmi di formazione ora integrano l'intelligenza emotiva come un pilastro centrale, riconoscendo che le capacità tecniche da sole non sono sufficienti per una leadership efficace.

Leadership Distribuita: La formazione alla leadership non si rivolge più solo a coloro che si trovano ai vertici. C'è una crescente consapevolezza che la leadership può emergere da qualsiasi livello di un'organizzazione. Questo approccio distribuito incoraggia tutti i membri del team a prendere l'iniziativa e a assumersi responsabilità.

Microlearning: Invece di sessioni di formazione prolungate, il microlearning offre piccole capsule di contenuto che possono essere consumate in brevi intervalli. Questo si adatta all'attuale ambiente di lavoro frenetico, dove i leader potrebbero non avere il tempo di dedicare intere giornate alla formazione.

Simulazioni e Realtà Virtuale: L'avvento della tecnologia ha portato alla crescita delle simulazioni e della realtà virtuale come strumenti di formazione. Queste piattaforme offrono un ambiente immersivo in cui i leader possono affrontare situazioni ipotetiche, ma realistiche, e ricevere feedback immediato sulle loro decisioni.

Peer Learning e Gruppi Mastermind: I gruppi Mastermind, composti da leader di diverse organizzazioni, si riuniscono regolarmente per condividere sfide, soluzioni e best practices. Questa condivisione tra pari offre una prospettiva diversa rispetto alla tradizionale formazione verticale.

Focus sul Benessere: La salute mentale e il benessere generale sono diventati aspetti centrali della formazione alla leadership. Questo riflette la crescente consapevolezza che i leader efficaci devono essere anche individui equilibrati e centrati.

Formazione Basata sui Valori: Piuttosto che concentrarsi solo sulle competenze e sulle tecniche, molti programmi ora inquadrano la formazione alla leadership in termini di valori fondamentali. Questo aiuta a garantire che i leader non solo siano competenti, ma anche etici e in linea con i valori dell'organizzazione.

Ogni elemento di cui sopra evidenzia come la formazione alla leadership stia evolvendo per riflettere le esigenze di un mondo in continuo cambiamento. Se una volta la formazione era vista come un "extra" o un "bonus", ora è considerata una necessità assoluta, un investimento continuo nel futuro dell'organizzazione e dei suoi leader.

La formazione alla leadership ha subito una trasformazione radicale negli ultimi decenni, adattandosi alle sfide e alle opportunità di un ambiente aziendale globalizzato e tecnologicamente avanzato. La sua essenza non si limita più all'acquisizione di abilità gestionali, ma piuttosto alla formazione di un individuo olistico capace di navigare con successo attraverso complesse dinamiche interpersonali, culturali e tecnologiche.

Una delle realizzazioni più importanti in questo ambito è la riconoscenza che la leadership non è una qualità rigida o statica, ma piuttosto un insieme dinamico di competenze, atteggiamenti e valori che possono e devono essere continuamente affinati. Questo ha portato a una maggiore enfasi sulla crescita personale e professionale, non solo come leader, ma come individui. Il concetto di "leader come apprendista" è ora centrale in molti programmi di formazione, suggerendo che non importa quanta esperienza o conoscenza si possa avere, c'è sempre spazio per imparare e crescere.

L'incorporazione dell'intelligenza emotiva nella formazione alla leadership evidenzia un riconoscimento della complessità della natura umana. Un leader non è solo un decisore o un stratega, ma anche un comunicatore, un mediatore e un mentore. La capacità di comprendere e gestire le proprie emozioni e quelle degli altri è diventata tanto cruciale quanto la capacità di elaborare informazioni e prendere decisioni informate.

La tecnologia ha anche giocato un ruolo fondamentale nella trasformazione della formazione alla leadership. Gli strumenti come la realtà virtuale, le simulazioni e il microlearning non solo rendono l'apprendimento più accessibile, ma anche più pratico e contestualizzato. I leader possono ora "vivere" scenari ipotetici, prendere decisioni in tempo reale e vedere le conseguenze di quelle decisioni, il tutto in un ambiente protetto.

Infine, l'idea che la leadership possa e debba essere etica e basata sui valori è ora al centro della formazione. In un mondo sempre più interconnesso, i leader non sono solo responsabili di fronte ai loro stakeholders immediati, ma anche di fronte a una comunità globale. La formazione alla leadership, quindi, non riguarda solo l'acquisizione di competenze, ma anche la coltivazione di una bussola morale.

In conclusione, la formazione alla leadership nel XXI secolo è un viaggio continuo di autoscoperta, apprendimento e adattamento. Non è un traguardo da raggiungere, ma piuttosto un percorso in continua evoluzione, alimentato da una curiosità insaziabile e da un impegno profondo per il servizio e l'eccellenza. Essa prepara i leader non solo a gestire le sfide del presente, ma anche ad anticipare e plasmare il futuro.

14. Case Studies: Esempi reali di leadership in azione, successi e fallimenti.

I case studies, o studi di caso, sono un elemento fondamentale per comprendere concretamente come le teorie e i principi della leadership si manifestano nella realtà. Osservare esempi reali di leadership in azione, sia in termini di successi che di fallimenti, permette di apprendere lezioni preziose e offre una visione più chiara e tangibile delle sfide e delle opportunità che i leader possono incontrare.

1. **Steve Jobs e Apple**: La storia di Steve Jobs è spesso citata come un esempio emblematico di leadership visionaria. Jobs non era solo un innovatore, ma sapeva anche come motivare e ispirare le sue squadre. Tuttavia, non era immune dalle critiche, essendo spesso percepito come esigente e difficile. La sua capacità di riconoscere i propri errori, come l'aver originariamente escluso le applicazioni di terze parti sull'iPhone, e di correggerli rapidamente è stata una delle sue più grandi forze.

2. **Satya Nadella e Microsoft**: Dopo aver preso le redini da Steve Ballmer, Nadella

ha operato una trasformazione culturale all'interno di Microsoft, spostando l'attenzione dalla semplice competizione al raggiungimento di un obiettivo maggiore. Ha anche riconosciuto l'importanza del cloud computing, guidando Microsoft in quella direzione e risultando in una rinascita dell'azienda.

3. **Indra Nooyi e PepsiCo**: Durante il suo mandato come CEO di PepsiCo, Nooyi ha cercato di bilanciare le aspettative degli azionisti con una visione a lungo termine per l'azienda. Ha introdotto prodotti più salutari e ha posto l'accento sull'importanza della sostenibilità.

4. **Blockbuster vs. Netflix**: Mentre Netflix ha abbracciato il futuro con il suo modello di abbonamento online, Blockbuster ha tardato ad adattarsi ai cambiamenti nel modo in cui le persone consumavano i media. Questo ritardo nell'innovazione e nella visione strategica ha portato al declino di Blockbuster.

5. **Theranos e Elizabeth Holmes**: Una storia di avvertimento sulla leadership, il caso di Theranos mostra ciò che può andare storto quando la trasparenza e l'integrità vengono messe da parte. Sebbene Holmes avesse una visione rivoluzionaria per il test del sangue, le accuse di frode e le false affermazioni hanno infine portato alla caduta dell'azienda.

6. **Mary Barra e General Motors**: Divenuta CEO di GM nel mezzo di una crisi di richiami su vasta scala, Barra ha affrontato le sfide a testa alta, assumendosi la responsabilità, garantendo trasparenza e mettendo in atto cambiamenti significativi all'interno dell'azienda per prevenire problemi futuri.

L'analisi di questi e di altri case studies offre una comprensione approfondita delle dinamiche reali della leadership. Attraverso i successi, si possono identificare le strategie e i comportamenti che portano al risultato. Allo stesso modo, attraverso i fallimenti, si può comprendere l'importanza della previsione, dell'adattabilità e dell'integrità nella leadership.

Osservando ulteriori esempi nella storia degli affari e non solo, emerge come certe decisioni, atteggiamenti e comportamenti dei leader abbiano profondamente influenzato le sorti delle loro organizzazioni e, in alcuni casi, interi settori industriali o comunità.

7. **Chesley "Sully" Sullenberger e l'atterraggio sul fiume Hudson**: Questo evento non riguarda la leadership in un'organizzazione, ma piuttosto la leadership in una situazione di crisi. Il capitano Sullenberger, pilota dell'Airbus A320, ha preso la decisione coraggiosa e tempestiva di atterrare sull'Hudson dopo che entrambi i motori erano stati danneggiati da uno stormo di uccelli. La sua calma e la sua capacità decisionale hanno salvato la vita di tutti a bordo.

8. **Jeff Bezos e Amazon**: Partendo da un modesto negozio online di libri, Bezos ha

trasformato Amazon in uno dei colossi globali del commercio elettronico e della tecnologia. Il suo mantra "Day 1", che enfatizza l'importanza di mantenere una mentalità start-up anche in una grande organizzazione, ha guidato l'azienda attraverso continue innovazioni.

9. **Howard Schultz e Starbucks**: Schultz ha trasformato Starbucks da una piccola catena di caffetterie di Seattle in una delle più grandi catene al mondo. La sua visione non si limitava a vendere caffè, ma piuttosto a creare "un terzo luogo" tra casa e lavoro, dove le persone potessero rilassarsi e socializzare. Tuttavia, Schultz ha anche affrontato critiche, come quelle legate alle questioni di sostenibilità e alle condizioni dei lavoratori.

10. **Nokia e l'industria degli smartphone**: Una volta leader del mercato dei telefoni cellulari, Nokia ha perso la sua posizione dominante a causa di una serie di errori strategici e di una mancanza di visione innovativa. Mentre

Apple e Android si facevano strada nel mercato degli smartphone, Nokia rimaneva indietro, mostrando come una leadership non adeguata o reattiva possa portare al declino di un'intera azienda.

11.   **Jack Ma e Alibaba**: Partendo da un piccolo appartamento in Cina, Jack Ma ha fondato Alibaba, che è diventata una delle più grandi piattaforme di e-commerce al mondo. Ma non si è limitato all'e-commerce: con visione e determinazione, ha espanso Alibaba in settori come la finanza, l'intrattenimento e la cloud computing.

12.   **Kodak e la fotografia digitale**: Kodak, una volta leader nell'industria fotografica, ha sottovalutato l'impatto della fotografia digitale, nonostante avesse le competenze per diventare un pioniere in quel campo. La riluttanza al cambiamento e la mancanza di visione proattiva hanno portato al declino dell'azienda.

Ogni leader e ogni azienda ha le sue peculiarità, ma ciò che emerge da questi studi di caso è che la leadership richiede visione, adattabilità, coraggio e integrità. Le decisioni prese dai leader possono avere ripercussioni enormi, sia positive che negative, sulle persone e sulle organizzazioni che guidano. E' essenziale che i futuri leader studino questi esempi per trarre lezioni e insight preziosi.

13. **Theranos e Elizabeth Holmes**: Questa startup biotecnologica prometteva di rivoluzionare i test di laboratorio con una semplice goccia di sangue. Guidata dalla giovane e carismatica Elizabeth Holmes, Theranos ha raccolto miliardi di dollari dagli investitori. Tuttavia, le affermazioni sull'efficacia della sua tecnologia erano grandemente esagerate. Il caso di Theranos serve come monito sull'importanza della trasparenza e dell'integrità, nonché sulla pericolosità di una cultura aziendale in cui non vengono tollerate le voci critiche.

14. **Satya Nadella e Microsoft**: Quando Nadella ha assunto la guida di

Microsoft, l'azienda era vista come in declino, superata da concorrenti come Apple e Google. Tuttavia, sotto la sua guida, Microsoft ha sperimentato una rinascita, concentrandosi sul cloud computing e sull'apertura verso piattaforme esterne. Nadella ha anche lavorato per cambiare la cultura aziendale, promuovendo la crescita e l'apprendimento anziché la competizione interna.

15.   **Blockbuster e Netflix**: Mentre Netflix ha iniziato come un servizio di noleggio DVD per posta, la sua capacità di adattarsi e innovare ha visto l'azienda trasformarsi in un gigante dello streaming. Al contrario, Blockbuster non è stato in grado di adattarsi rapidamente al cambiamento del comportamento dei consumatori e alle nuove tecnologie, portando al suo declino. Questa storia illustra l'importanza dell'innovazione e della visione nel mantenere la rilevanza in un mercato in evoluzione.

16.   **Indra Nooyi e PepsiCo**: Durante il suo mandato come CEO di PepsiCo, Nooyi ha cercato di bilanciare la crescita dell'azienda con la sostenibilità e la responsabilità. Ha introdotto prodotti più sani, ridotto la quantità di zucchero e sale nei prodotti esistenti e si è concentrata su iniziative sostenibili. La sua leadership ha mostrato come un'azienda possa essere allo stesso tempo redditizia e socialmente responsabile.

17.   **Lehman Brothers e la crisi finanziaria del 2008**: La bancarotta di Lehman Brothers nel 2008 è stata una delle più grandi della storia e ha giocato un ruolo chiave nell'innesco della crisi finanziaria globale. L'incapacità di Lehman di gestire adeguatamente i rischi e la sua cultura aziendale basata sulla presa di rischi eccessivi hanno portato al suo crollo. Questo evento ha sottolineato l'importanza della governance aziendale, della gestione dei rischi e dell'etica nella leadership.

18.   **Mellody Hobson e la diversità**: Come co-CEO di Ariel Investments, Hobson è stata una sostenitrice appassionata della diversità nei consigli di amministrazione e nelle posizioni dirigenziali. Ha parlato apertamente dei benefici di una maggiore diversità e inclusione, evidenziando come le diverse prospettive possano portare a migliori decisioni aziendali.

Ogni caso di studio presenta lezioni uniche e punti di riflessione. Le azioni e le decisioni dei leader possono avere un impatto profondo, influenzando non solo il destino delle loro organizzazioni, ma anche l'economia globale, la società e l'individuo. In molti di questi esempi, si può vedere come la capacità di vedere oltre l'orizzonte, di adattarsi ai cambiamenti e di rimanere fedeli a principi etici sia stata cruciale per il successo o il fallimento.

La natura complessa e multiforme della leadership è evidenziata quando esaminiamo in profondità vari casi di studio. Questi non solo rivelano le decisioni e le azioni dei leader, ma anche l'ambiente in cui operano e come reagiscono alle sfide. Dalla caduta drammatica di Theranos, che sottolinea l'importanza della trasparenza e dell'integrità, alla rinascita di Microsoft sotto Satya Nadella, vediamo come la capacità di un leader di innovare e adattarsi può fare la differenza tra il successo e il fallimento di un'organizzazione.

Blockbuster e Netflix, con le loro storie intrecciate, offrono una lezione chiara sull'importanza di riconoscere i cambiamenti nel comportamento dei consumatori e di adattarsi rapidamente alle nuove tendenze del mercato. Nel frattempo, il viaggio di Indra Nooyi con PepsiCo mostra come un leader può guidare un'azienda verso la sostenibilità e la responsabilità sociale, garantendo allo stesso tempo la crescita e la redditività.

La bancarotta di Lehman Brothers e la crisi finanziaria che ne è seguita illustrano come le scelte di leadership possano avere ripercussioni su scala globale, mettendo in luce l'importanza di una solida governance aziendale e della gestione dei rischi. Mellody Hobson, attraverso il suo lavoro e le sue opinioni, dimostra come la diversità e l'inclusione non siano solo questioni morali, ma siano essenziali per la crescita e il successo delle organizzazioni.

Questi casi di studio, con le loro varie sfide e risultati, sottolineano alcune tematiche fondamentali:

1. **Adattabilità**: In un mondo in continua evoluzione, la capacità di un leader di adattarsi ai cambiamenti è fondamentale.

2. **Visione a lungo termine**: Oltre a gestire le preoccupazioni immediate, i leader devono avere una visione chiara del futuro e lavorare per realizzarla.

3. **Integrità e Etica**: La veridicità, l'onestà e l'aderenza ai principi morali non sono negoziabili. I leader devono guidare con integrità, creando una cultura che valori l'etica.

4. **Ascolto e Inclusione**: Un leader efficace ascolta le diverse voci all'interno e

all'esterno dell'organizzazione, incoraggiando un ambiente inclusivo.

5. **Gestione del Rischio**: Riconoscere, valutare e gestire i rischi è fondamentale, soprattutto in un ambiente imprevedibile.

Concludendo, la leadership non si basa su una formula fissa o su un set di regole rigide. È una combinazione di caratteristiche innate, abilità acquisite, esperienze vissute e decisioni prese. Ogni caso di studio offre una lente attraverso la quale possiamo esaminare le complessità della leadership, imparando lezioni preziose su cosa funziona, cosa non funziona e come possiamo aspirare a diventare leader migliori nel nostro ambito.

15. **Leadership Digitale:** L'importanza della leadership nell'era digitale e come navigare nella trasformazione digitale.

Leadership Digitale: L'importanza della leadership nell'era digitale e come navigare nella trasformazione digitale.

La leadership digitale è emersa come una componente critica nell'era moderna, dove la tecnologia e la digitalizzazione stanno trasformando rapidamente le organizzazioni e le società in tutto il mondo. Essa va oltre la semplice comprensione delle tecnologie; si tratta di come guidare le organizzazioni in un'epoca in cui il digitale permea ogni aspetto dell'attività e delle operazioni.

Comprendere il Contesto Digitale:
La trasformazione digitale non è solo una questione di adozione di nuovi strumenti o tecnologie; è una riconfigurazione radicale di come le imprese operano e forniscono valore ai loro clienti. L'era digitale ha portato alla creazione di nuovi modelli di business, cambiando la dinamica tra aziende e clienti, e introducendo nuove sfide e opportunità. Questo contesto richiede leader che comprendano profondamente l'impatto della digitalizzazione sul loro settore e che possano navigare con successo attraverso questo nuovo paesaggio.

Ampio Set di Competenze Requisite:
Un leader digitale deve possedere una

combinazione di competenze tecniche e soft skills. Queste includono la comprensione delle tecnologie emergenti, come l'intelligenza artificiale, il machine learning e la blockchain, e come possono essere applicate per creare valore. Allo stesso tempo, devono possedere competenze come la visione strategica, la capacità di gestire il cambiamento, la comunicazione efficace e la capacità di ispirare e motivare le squadre in mezzo all'incertezza.

Cultura dell'Innovazione:

Per prosperare nell'era digitale, le organizzazioni devono adottare una cultura dell'innovazione. I leader digitali promuovono ambienti in cui il fallimento è visto come un'opportunità di apprendimento, dove la sperimentazione è incoraggiata, e dove le squadre sono empowerate a prendere decisioni basate sui dati.

Mindset Orientato ai Dati:

Con l'abbondanza di dati disponibili, i leader nell'era digitale devono essere orientati ai dati. Ciò significa non solo avere accesso ai dati, ma anche saperli interpretare e utilizzare per

prendere decisioni informate, prevedere
tendenze e personalizzare le offerte per i clienti.

Cybersecurity e Etica:

La digitalizzazione ha portato con sé nuove
minacce in termini di sicurezza e privacy. I
leader digitali devono garantire che le loro
organizzazioni adottino le migliori pratiche in
materia di cybersecurity. Oltre alla sicurezza, c'è
anche una crescente necessità di considerare
l'etica, specialmente quando si tratta di
tecnologie come l'IA, garantendo che le
decisioni siano prese in modo responsabile e
con considerazione dell'impatto umano.

Collaborazione e Networking:

La leadership nell'era digitale richiede anche
una forte capacità di collaborazione. Poiché la
tecnologia e la digitalizzazione spesso eliminano
i silos tradizionali all'interno delle
organizzazioni, i leader devono essere in grado
di lavorare trasversalmente, collegandosi con
diverse funzioni, unità di business e persino con
altre organizzazioni o settori.

La leadership digitale non si limita a una semplice conoscenza degli strumenti tecnologici, ma abbraccia una mentalità che integra il digitale in tutte le sfaccettature della gestione aziendale. Ogni decisione, ogni strategia, ogni interazione con i dipendenti o i clienti viene influenzata dal contesto digitale. In un mondo così connesso, la capacità di un leader di navigare in questo ambiente digitale diventa fondamentale.

Importanza della Flessibilità e Adattabilità:

In un ambiente in rapida evoluzione come quello digitale, le strategie e le soluzioni che funzionano oggi potrebbero non essere efficaci domani. I leader devono quindi sviluppare un alto grado di flessibilità, pronti a adattarsi alle nuove sfide e opportunità che emergono. La capacità di apprendere e disimparare rapidamente diventa essenziale, dato che nuovi strumenti e piattaforme vengono continuamente introdotti nel panorama digitale.

Connessione Umana nell'Era Digitale:

Sebbene la tecnologia giochi un ruolo

predominante, la leadership digitale non deve trascurare l'importanza delle relazioni umane. Anche in un contesto dominato dalla tecnologia, la capacità di connettersi, comprendere e motivare le persone rimane al centro del successo di un leader. Questo implica l'importanza di bilanciare le interazioni digitali con quelle faccia a faccia, e di utilizzare la tecnologia per potenziare, piuttosto che sostituire, le connessioni umane.

Pensiero Laterale e Creatività:

Con la vasta quantità di dati e strumenti a disposizione, i leader digitali hanno l'opportunità di sperimentare nuovi approcci e soluzioni. Questo richiede una mentalità aperta, pronta a sfidare lo status quo e a pensare fuori dagli schemi. La creatività diventa quindi un attributo prezioso, permettendo ai leader di vedere opportunità dove altri vedono ostacoli.

Visione Olistica:

La digitalizzazione ha reso le organizzazioni più interconnesse che mai. Pertanto, i leader non possono più permettersi di vedere le loro decisioni in silos. Una decisione presa in un'area può avere ripercussioni in tutta l'organizzazione. I leader devono quindi adottare una visione olistica, considerando l'effetto a cascata delle loro decisioni e assicurandosi che siano allineate con la strategia complessiva dell'organizzazione.

Educazione Continua:

Infine, l'era digitale richiede un impegno costante per l'apprendimento. Non solo in termini di mantenere il passo con le nuove tecnologie, ma anche in termini di comprendere come queste tecnologie influenzano il comportamento delle persone, le dinamiche di mercato e la strategia aziendale. I corsi, i seminari, le conferenze e altre opportunità di apprendimento devono diventare una parte regolare dell'agenda di un leader.

Incorporando queste considerazioni nella loro pratica quotidiana, i leader possono assicurarsi di essere efficacemente attrezzati per guidare le loro organizzazioni in un'era dominata dalla digitalizzazione. Non si tratta solo di adottare la tecnologia, ma di integrarla in modo significativo in ogni aspetto della leadership.

Nell'ambito della leadership digitale, è fondamentale riconoscere che la trasformazione digitale va oltre l'adozione di nuove tecnologie; riguarda anche la trasformazione della cultura e delle strutture organizzative. Questa trasformazione coinvolge una profonda comprensione di come le tecnologie digitali stanno rimodellando il panorama competitivo e le aspettative dei clienti, e quindi, come devono evolvere le organizzazioni.

Competenze Digitali Specifiche:
I leader di oggi devono essere in grado di comprendere a fondo le tecnologie emergenti, come l'intelligenza artificiale, la blockchain, la realtà virtuale e aumentata, e l'Internet delle Cose (IoT). Questo non significa necessariamente diventare esperti in queste aree, ma piuttosto avere una solida comprensione di come queste tecnologie possono essere applicate per creare valore e come potrebbero influenzare il business.

Mentalità da "Data-Driven":
Nell'era digitale, le decisioni devono essere informate da dati. I leader dovrebbero essere

confortevoli nel lavorare con grandi quantità di dati, interpretarli e utilizzarli per prendere decisioni informate. Ciò implica anche una comprensione delle potenziali insidie, come i dati fuorvianti o distorti.

Cybersecurity:

Con l'aumento delle minacce digitali, la sicurezza informatica è diventata una preoccupazione cruciale. I leader devono essere consapevoli dei rischi associati alla digitalizzazione e adottare misure appropriate per proteggere le informazioni e le risorse dell'organizzazione.

Approccio Orientato al Cliente:

La digitalizzazione ha reso i clienti più potenti che mai. Hanno accesso a una vasta quantità di informazioni e possono confrontare prodotti e servizi con un semplice clic. I leader devono riconoscere questa dinamica e cercare continuamente di migliorare l'esperienza del cliente attraverso soluzioni digitali.

Agilità Organizzativa:

In risposta alla rapida evoluzione dell'ambiente digitale, le organizzazioni devono diventare più agili. I leader devono promuovere un ambiente in cui il cambiamento può essere attuato rapidamente, dove le squadre possono formarsi e riformarsi in risposta a nuove opportunità o sfide, e dove l'innovazione è incoraggiata e ricompensata.

Collaborazione e Comunicazione:

La leadership nell'era digitale richiede anche una maggiore enfasi sulla collaborazione. Con la crescente complessità dei progetti e l'integrazione di diverse tecnologie, la collaborazione tra team e dipartimenti è essenziale. La comunicazione efficace, sia all'interno che all'esterno dell'organizzazione, diventa quindi una competenza fondamentale.

Mindset di Crescita:

L'ambiente digitale è in continua evoluzione e i leader devono adottare una mentalità di crescita, pronti a evolversi e adattarsi. Ciò implica una disposizione all'apprendimento continuo, alla sperimentazione e alla capacità di accettare e imparare dai fallimenti.

Queste sono solo alcune delle sfaccettature della leadership nell'era digitale. Con il passare del tempo, l'importanza della leadership digitale continuerà a crescere, e i leader di successo saranno quelli che riconoscono e abbracciano le opportunità e le sfide di questa nuova era.

La leadership digitale rappresenta una fondamentale evoluzione dei tradizionali principi di leadership in risposta alle rivoluzioni tecnologiche e digitali che stanno plasmando il nostro mondo. L'era digitale non è solo una questione di adozione di nuove tecnologie, ma piuttosto una ristrutturazione dell'approccio mentale, della cultura organizzativa e dei metodi di operatività all'interno delle aziende e delle istituzioni.

Una Visione Strategica e Olistica:
I leader digitali hanno la responsabilità di non limitarsi a comprendere le singole tecnologie emergenti, ma di vedere come esse convergono e interagiscono tra loro per creare nuove opportunità e sfide. La capacità di avere una visione d'insieme, di comprendere come, ad esempio, l'IA, la realtà aumentata, la blockchain e l'IoT possano convergere per creare nuove soluzioni, è fondamentale. Questa visione deve

essere affiancata da un'abilità di tradurre queste percezioni in strategie operative tangibili.

Etica Digitale e Responsabilità:

Con grande potere viene anche una grande responsabilità. Nell'era digitale, le questioni di privacy, sicurezza dei dati e integrità informatica sono al centro dell'attenzione. I leader devono assicurarsi che le loro organizzazioni non solo rispettino le leggi e i regolamenti, ma operino anche con integrità e etica. Dovrebbero essere i primi difensori dei diritti dei loro clienti e stakeholder e garantire che la tecnologia venga utilizzata in modo etico e responsabile.

Formazione e Sviluppo:

La formazione continua è essenziale nell'era digitale. Mentre le nuove tecnologie continuano a emergere a un ritmo senza precedenti, i leader devono assicurarsi che sia loro stessi che le loro squadre siano costantemente aggiornati e formati. Questo non solo significa formazione tecnica, ma anche sviluppare una mentalità di adattabilità e apprendimento continuo.

Misura del Successo e KPIs:

La leadership digitale richiede anche una riconsiderazione di come viene misurato il successo. Mentre i tradizionali indicatori di performance possono ancora avere rilevanza, i leader devono anche considerare nuovi KPIs legati all'adozione digitale, all'engagement online, all'efficacia delle piattaforme digitali e ad altri aspetti correlati.

Conclusione:

In sintesi, la leadership digitale non è solo una questione di adottare nuove tecnologie, ma rappresenta una profonda trasformazione di come i leader pensano, agiscono e guidano le loro organizzazioni nell'era digitale. Questa trasformazione richiede una combinazione di competenze tecniche, capacità strategiche e un forte senso etico. In un mondo in cui la tecnologia continua a evolversi a un ritmo vertiginoso, i leader di successo saranno quelli che possono navigare con sicurezza in questo paesaggio in continua evoluzione, mantenendo al centro le persone e i valori. La leadership nell'era digitale è tanto una questione di mente e cuore quanto di competenza tecnica.

16. Leadership e Salute Mentale: La gestione dello stress, il burnout e la cura di sé per i leader.

La leadership, pur essendo una posizione che offre potere e autorità, porta con sé un alto livello di responsabilità, aspettative e pressione. Questi fattori possono avere un impatto significativo sulla salute mentale dei leader. La gestione dello stress, la prevenzione del burnout e la cura di sé sono elementi essenziali per mantenere l'efficacia e il benessere di un leader.

Stress e Leadership:

Lo stress è una risposta naturale alle sfide e alle pressioni della vita quotidiana. Tuttavia, i leader spesso affrontano livelli di stress superiori a causa delle aspettative e delle responsabilità che accompagnano la loro posizione. Decisioni difficili, conflitti interni, pressioni esterne, aspettative di performance e la continua necessità di innovare possono accumularsi, portando a livelli insostenibili di stress.

Il Burnout:

Il burnout è una sindrome da esaurimento professionale che può derivare da stress lavorativo cronico non gestito. Si manifesta attraverso sentimenti di esaurimento energetico, cinismo o distacco dal proprio lavoro e una sensazione di inefficacia professionale. Per i leader, il burnout può avere effetti devastanti, non solo sulla loro salute mentale ma anche sulla capacità di guidare efficacemente.

Strategie di Cura di Sé:
Per prevenire lo stress e il burnout, i leader devono implementare strategie di cura di sé. Queste possono includere:

1. **Pausa e Riflessione:** Prendersi il tempo per staccare, riflettere e recuperare è essenziale. Questo può significare prendersi delle brevi pause durante la giornata, programmare delle vacanze o semplicemente dedicare del tempo a hobby e interessi al di fuori del lavoro.

2. **Esercizio e Alimentazione:** Mantenere un fisico sano ha un impatto diretto sulla salute mentale. L'esercizio regolare può aiutare a ridurre lo stress, migliorare l'umore e aumentare l'energia.

3. **Connessioni Sociali:** Mantenere legami stretti con amici, familiari e colleghi può offrire una rete di supporto essenziale.

4. **Mindfulness e Meditazione:** Queste pratiche possono aiutare a centrare la mente, ridurre l'ansia e migliorare la concentrazione.

5. **Formazione e Terapia:** Avere un terapeuta o un coach può fornire un ambiente sicuro per esplorare sfide e sentimenti, offrendo al contempo strategie e strumenti per gestire lo stress.

Riconoscere i Segnali:

È cruciale per i leader riconoscere i segni di stress e burnout sia in se stessi che nei membri del loro team. Ciò può includere cambiamenti nel comportamento, ritiro sociale, diminuzione delle performance o espressioni di disperazione.

La leadership, soprattutto nelle posizioni di alto livello, comporta un'intensa pressione che spesso è invisibile a coloro che non occupano tali ruoli. Questa pressione è esacerbata dalle aspettative di costante disponibilità, dalla necessità di prendere decisioni rapide e spesso impopolari, e dall'incertezza che pervade molte decisioni strategiche.

Il ruolo dell'ambiente di lavoro:

L'ambiente di lavoro può avere un impatto significativo sulla salute mentale dei leader. Un ambiente tossico, caratterizzato da pettegolezzi, politica aziendale o mancanza di supporto, può amplificare i sentimenti di isolamento o insoddisfazione. Al contrario, un ambiente di lavoro positivo può agire come un tampone contro lo stress e fornire una rete di supporto essenziale.

Aspettative irrealistiche:

In molti contesti aziendali, c'è un'aspettativa non detta che i leader siano sempre forti, inarrestabili e infallibili. Questo mito del leader "superuomo" o "superdonna" può impedire ai leader di cercare aiuto quando ne hanno bisogno, aggravando sentimenti di isolamento o incompetenza.

Tecnologia e connessione continua:

Nell'era della digitalizzazione, si presume spesso che i leader siano sempre disponibili, 24 ore su

24, 7 giorni su 7. Questa costante connettività può erodere i confini tra lavoro e vita privata, rendendo difficile per i leader staccare e recuperare.

La stigmatizzazione della salute mentale:

Nonostante i progressi nella comprensione della salute mentale, persiste una certa stigmatizzazione attorno all'argomento, soprattutto in contesti aziendali. I leader potrebbero esitare a parlare delle proprie sfide di salute mentale o a cercare aiuto per paura di essere visti come deboli o incapaci.

Il valore del feedback:

Ricevere feedback costruttivo può aiutare i leader a valutare e affrontare le proprie aree di miglioramento. Tuttavia, molti leader non ricevono feedback sinceri a causa della loro posizione. Questa mancanza può portare a dubbi e incertezze, alimentando ulteriormente lo stress.

Strategie di coping e prevenzione:

Molti leader hanno sviluppato strategie personali per gestire lo stress e prevenire il burnout. Questi possono includere tecniche di rilassamento come la respirazione profonda, l'uso di app di mindfulness o pratiche come lo yoga. Alcuni leader possono anche beneficiare della creazione di reti di supporto con altri leader, dove possono condividere sfide e soluzioni in un ambiente sicuro e di supporto.

Risorse esterne:
Al di là delle strategie personali, ci sono molte risorse esterne disponibili per i leader. Questi possono includere consulenti specializzati in salute mentale per professionisti, programmi aziendali di assistenza ai dipendenti o seminari e workshop focalizzati sulla resilienza e sulla gestione dello stress.

In conclusione, mentre la posizione di leader può essere estremamente gratificante, porta anche sfide uniche in termini di salute mentale. Riconoscere e affrontare queste sfide è essenziale per la longevità e l'efficacia di qualsiasi leader.

La leadership, come funzione cruciale nel guidare team, organizzazioni o intere nazioni, è intrinsecamente legata a notevoli responsabilità e aspettative. L'importanza di affrontare le questioni di salute mentale per i leader è dunque una componente fondamentale per garantire non solo il loro benessere personale, ma anche la salute e la produttività dell'intera organizzazione.

La natura stessa della leadership implica la necessità di prendere decisioni spesso complesse, gestire relazioni interpersonali e affrontare conflitti, che possono costituire fonti significative di stress. La pressione costante, derivante dal dover bilanciare le esigenze di diverse parti interessate, può portare a sentimenti di isolamento, esaurimento e, in alcuni casi, a disturbi più gravi come la depressione.

Il contesto contemporaneo di lavoro, caratterizzato da una rapida evoluzione tecnologica e da aspettative di immediata reattività, ha aumentato ulteriormente il carico di stress sui leader. La possibilità di essere sempre connessi e disponibili ha eroso i confini tra lavoro e tempo libero, rendendo ancora più difficile per i leader trovare spazi di pausa e riflessione.

Purtroppo, nonostante la crescente consapevolezza sull'importanza della salute mentale, persiste una certa reticenza nel discutere apertamente di questi problemi, specialmente nei contesti aziendali. I leader potrebbero esitare a condividere o affrontare le proprie sfide di salute mentale per timore di essere percepiti come vulnerabili o meno capaci. Questo tabù può ulteriormente aggravare il problema, impedendo a coloro che ne hanno bisogno di cercare aiuto.

Tuttavia, c'è una crescente comprensione dell'importanza di fornire ai leader le risorse e gli strumenti necessari per gestire e prevenire problemi di salute mentale. Questo può includere formazioni sulla gestione dello stress, programmi di supporto sul benessere, e incoraggiare una cultura aziendale aperta e inclusiva, dove la salute mentale non è stigmatizzata ma piuttosto vista come una componente fondamentale del benessere complessivo.

In conclusione, affrontare le sfide legate alla salute mentale nella leadership non è solo una questione di benessere individuale. E' una necessità strategica per garantire che i leader siano in grado di guidare in modo efficace, con empatia e chiarezza. Assicurando che i leader abbiano le risorse e il supporto per gestire le proprie sfide di salute mentale, si posiziona l'intera organizzazione per il successo sostenibile e il benessere a lungo termine.

17. Squadre e Leadership: Creare, guidare e mantenere squadre ad alte prestazioni.

Il ruolo di un leader nel creare, guidare e mantenere squadre ad alte prestazioni è di cruciale importanza. Le squadre sono spesso al centro delle organizzazioni, siano esse piccole start-up o grandi multinazionali. Una squadra ad alte prestazioni può portare a risultati eccezionali, mentre una squadra disfunzionale può causare ritardi, costi e tensioni. Ecco alcune considerazioni dettagliate sull'argomento:

1. Creazione della squadra:

Il primo passo nella formazione di una squadra ad alte prestazioni è la selezione dei membri. Questo non riguarda solo la scelta di individui con le giuste competenze tecniche, ma anche con le giuste caratteristiche comportamentali e la capacità di lavorare bene insieme. La diversità all'interno delle squadre, sia in termini di competenze che di esperienze di vita, può offrire una varietà di prospettive e approcci che arricchiscono il processo decisionale e la creatività.

2. Definizione di obiettivi chiari:

Una volta formata la squadra, è essenziale stabilire una visione chiara e obiettivi concreti. Questi dovrebbero essere SMART (Specifici, Misurabili, Raggiungibili, Rilevanti, Temporizzati) e condivisi da tutti i membri del team.

3. Fornire risorse e formazione:

Le squadre ad alte prestazioni hanno bisogno delle giuste risorse e formazioni per svolgere al meglio il loro lavoro. Questo può includere tecnologie all'avanguardia, opportunità di formazione continua e accesso a esperti o mentori.

4. Creare un ambiente di fiducia:

La fiducia è il fondamento di ogni squadra di successo. I membri devono sentirsi liberi di esprimere le loro opinioni, fare domande e condividere preoccupazioni senza timore di ripercussioni. La trasparenza, l'apertura e la comunicazione chiara da parte del leader sono fondamentali per costruire questa fiducia.

5. Gestione dei conflitti:

Anche nelle migliori squadre possono sorgere conflitti. Un buon leader riconosce i segni di tensione e interviene per risolvere i problemi prima che si aggravino. Questo può richiedere l'ascolto attivo, la mediazione e, talvolta, decisioni difficili per il bene della squadra e del progetto.

6. Riconoscimento e premi:

Le squadre ad alte prestazioni sono spesso altamente motivate. Riconoscere i loro sforzi e premiare il successo può ulteriormente accrescere questa motivazione. Ciò non significa solo bonus o promozioni, ma anche elogi, opportunità di sviluppo professionale e altri incentivi non monetari.

7. Revisione e adattamento:
Le squadre ad alte prestazioni non sono statiche. Crescono, si evolvono e si adattano alle nuove sfide. I leader devono essere pronti a rivedere periodicamente la struttura, la dinamica e gli obiettivi del team, e fare gli aggiustamenti necessari per mantenerlo all'avanguardia.

In conclusione, guidare una squadra ad alte prestazioni richiede una combinazione di competenze tecniche, interpersonali e di leadership. Un leader efficace riconosce le potenzialità di ogni membro del team, fornisce le risorse e il supporto necessari e crea un ambiente in cui tutti possono prosperare. L'obiettivo finale è un team che funziona in modo coeso, supera le sfide e produce risultati eccezionali.

Il rapporto tra un leader e la sua squadra è fondamentale per il successo di qualsiasi iniziativa. E mentre abbiamo già toccato aspetti fondamentali come la formazione, la fiducia e la gestione dei conflitti, ci sono molti altri elementi che possono influenzare l'efficacia di una squadra.

Feedback Continuo:

Il feedback è la chiave per migliorare e per garantire che la squadra si muova nella giusta direzione. Un leader efficace non fornisce solo feedback in momenti formali come le revisioni delle prestazioni, ma lo fa costantemente. Questo feedback può essere positivo, riconoscendo e premiando buone prestazioni, o costruttivo, aiutando i membri del team a capire dove possono migliorare e come farlo.

Comunicazione Bidirezionale:

Mentre è essenziale che un leader comunichi chiaramente aspettative e obiettivi, è altrettanto importante ascoltare. La comunicazione bidirezionale consente ai membri del team di condividere idee, preoccupazioni e feedback sulle decisioni. Questo tipo di comunicazione aperta può portare a soluzioni innovative e garantire che tutti siano sulla stessa pagina.

Empowerment:

Un leader efficace non microgestisce. Invece, dà

potere ai suoi membri del team, permettendo loro di prendere decisioni, risolvere problemi e gestire le loro responsabilità. Questo non solo migliora l'efficienza, ma aumenta anche la fiducia e la soddisfazione dei membri del team.

Costruzione del Team:

Oltre al lavoro quotidiano, è importante per i leader organizzare attività di costruzione del team. Queste possono variare da semplici esercizi di team building a ritiri di squadra. Queste attività rafforzano i legami tra i membri del team, migliorano la comunicazione e possono anche aumentare la produttività.

Sviluppo della Leadership all'Interno del Team:

I leader visionari riconoscono l'importanza di sviluppare futuri leader all'interno del loro team. Ciò può essere fatto attraverso formazione, mentorship e fornendo opportunità per la leadership a livelli più bassi. Sviluppare futuri leader assicura la sostenibilità e la crescita dell'organizzazione nel lungo termine.

Uso della Tecnologia:

Nell'era moderna, la tecnologia gioca un ruolo

fondamentale nella gestione delle squadre, soprattutto con l'aumento del lavoro remoto e delle squadre distribuite geograficamente. L'utilizzo di strumenti di collaborazione, piattaforme di comunicazione e software di gestione dei progetti può migliorare l'efficienza e mantenere la squadra sincronizzata.

Valutazione delle Dinamiche di Squadra: Ogni tanto, è fondamentale fare un passo indietro e valutare le dinamiche di squadra. Ciò potrebbe includere l'analisi dei punti di forza e di debolezza della squadra, identificando aree di miglioramento e riconoscendo dove la squadra eccelle.

Ogni squadra è unica, con la sua combinazione di competenze, personalità e dinamiche. Un leader efficace riconosce queste singolarità e lavora attivamente per guidare la sua squadra verso il successo, garantendo al contempo che ogni membro del team si senta valorizzato, ascoltato e motivato.

Le dinamiche interpersonali in una squadra sono un aspetto centrale nel determinare la sua efficienza e produttività. La capacità di un leader di comprendere e influenzare queste dinamiche può avere un impatto significativo sulla performance complessiva del gruppo.

Diversità e Inclusione:

Le squadre moderne sono sempre più diverse in termini di genere, età, background culturale ed esperienze di vita. Questa diversità può portare a una vasta gamma di punti di vista, che se gestiti correttamente, possono portare a soluzioni più creative e innovative. Tuttavia, può anche portare a possibili tensioni o incomprensioni. La capacità di un leader di creare un ambiente in cui tutti si sentono inclusi e apprezzati è cruciale per sfruttare i benefici della diversità.

Adattabilità:

Il mondo degli affari è in costante evoluzione e le squadre devono essere in grado di adattarsi rapidamente ai cambiamenti. Che si tratti di nuove tecnologie, processi o mercati, un leader deve guidare la sua squadra attraverso queste transizioni, assicurandosi che tutti siano formati e pronti ad affrontare nuove sfide.

Gestione dei Conflitti:

I conflitti sono inevitabili in qualsiasi gruppo. Tuttavia, se gestiti correttamente, possono diventare opportunità di crescita piuttosto che ostacoli. Un leader deve essere in grado di identificare i segni di tensioni emergenti e affrontarli proattivamente, mediatando tra le parti in conflitto e trovando soluzioni che siano nel migliore interesse della squadra.

Fiducia e Trasparenza:

La fiducia è la base di qualsiasi rapporto di lavoro efficace. Per costruire questa fiducia, un leader deve essere trasparente nelle sue decisioni e azioni. Ciò significa comunicare chiaramente le ragioni dietro una decisione, essere aperti al feedback e mostrare coerenza tra parole e azioni.

Focus sul Benessere del Team:

Oltre alle pressioni lavorative, i membri del team possono affrontare sfide personali che possono influire sul loro benessere e prestazioni. Un leader empatico riconosce l'importanza del benessere dei suoi membri e offre supporto, che può variare da pause regolari, a flessibilità lavorativa, a programmi di supporto psicologico.

Mentorship e Crescita Personale:

Un leader non si concentra solo sull'ottenere risultati a breve termine, ma guarda anche al futuro. Ciò significa investire nella crescita e nello sviluppo dei membri del team, offrendo opportunità di mentorship, corsi di formazione e feedback costruttivo.

Gestione delle Risorse:

Ogni membro del team ha un insieme unico di competenze e talenti. Un leader efficace riconosce queste abilità individuali e le allinea con le necessità del progetto o dell'organizzazione. Questo non solo garantisce che la squadra lavori in modo efficiente, ma assicura anche che ogni individuo si senta valorizzato e motivato.

In sintesi, la leadership di una squadra non si limita alla gestione delle attività quotidiane. Si tratta di creare un ambiente in cui ogni membro può prosperare, portando valore all'organizzazione e crescendo sia professionalmente che personalmente.

La leadership di squadre, in particolare quelle ad alte prestazioni, è una delle abilità più richieste e sfidanti nel panorama professionale contemporaneo. La complessità di questa attività non risiede semplicemente nel dirigere un gruppo di individui, ma nel saper creare, sviluppare e mantenere un ambiente collaborativo e sinergico che massimizzi il potenziale di ogni membro.

Creazione di Squadre Efficaci:

La prima sfida per un leader è la selezione e l'assemblaggio di individui in un team. Ogni membro dovrebbe essere scelto non solo per le sue competenze tecniche, ma anche per la sua capacità di collaborare, comunicare e integrarsi nella cultura del team. È essenziale per un leader comprendere e valorizzare la diversità di competenze, esperienze e prospettive, assicurando un equilibrio tra competenze tecniche e soft skills.

Sviluppo e Crescita del Team:
Una volta formato il team, la vera sfida diventa il suo sviluppo continuo. Ciò include la formazione regolare, il mentoring, la creazione di opportunità per il feedback reciproco e la promozione di un ambiente di apprendimento continuo. Il leader dovrebbe anche essere attento a riconoscere e celebrare i successi, mentre allo stesso tempo affronta e apprende dai fallimenti.

Mantenimento di un Ambiente Positivo:
Il benessere e la morale del team sono fondamentali per le sue prestazioni. Ciò richiede una comunicazione aperta e onesta, la risoluzione tempestiva dei conflitti e la promozione di un equilibrio tra vita lavorativa e vita privata. Un leader dovrebbe anche essere in grado di identificare e intervenire in caso di burnout o altri problemi di salute mentale che potrebbero influenzare i membri del team.

Definizione di Visione e Obiettivi:
Un team ha bisogno di una direzione chiara. Ciò richiede che il leader stabilisca una visione condivisa e obiettivi chiari, garantendo che ogni

membro del team comprenda il suo ruolo e le aspettative nei suoi confronti. Questa visione dovrebbe essere rivisitata e adattata regolarmente in base ai feedback e ai cambiamenti nell'ambiente esterno.

Valutazione e Feedback:

Infine, per garantire la sostenibilità e l'efficacia a lungo termine del team, il leader deve instaurare un sistema di valutazione regolare. Ciò include la raccolta di feedback da e per ogni membro del team, l'analisi dei risultati rispetto agli obiettivi e l'adattamento delle strategie di leadership in base ai bisogni emergenti del team.

Concludendo, guidare squadre ad alte prestazioni va oltre la semplice supervisione delle attività quotidiane. Si tratta di una responsabilità continua di sviluppo, supporto e innovazione, sempre con l'obiettivo di garantire che ogni membro del team sia in grado di contribuire al meglio delle sue capacità e di far progredire l'intero gruppo verso obiettivi sempre più ambiziosi.

18. Visione e Missione: L'importanza di avere una visione chiara e una missione per guidare azioni e decisioni.

Visione e Missione: L'importanza di avere una visione chiara e una missione per guidare azioni e decisioni.

La visione e la missione sono elementi essenziali nella definizione dell'identità e della direzione di un'organizzazione, un team o un progetto. Questi componenti aiutano a stabilire un quadro concettuale all'interno del quale le decisioni sono prese, le strategie sono formulate e le risorse sono allocate. La loro importanza nel panorama del leadership e della gestione non può essere sottovalutata.

La Visione:

La visione rappresenta una prospettiva futura, un'immagine ideale di ciò che un'organizzazione o un individuo spera di realizzare nel tempo. È l'orizzonte verso il quale si mira, una rappresentazione dell'obiettivo ultimo. La visione funge da faro, illuminando la direzione in cui un'entità desidera muoversi. Può ispirare, motivare e galvanizzare le persone verso un obiettivo comune. Inoltre, fornisce un quadro entro il quale i successi possono essere misurati e celebrati. Una visione efficace è ambiziosa, ma realizzabile, ed è formulata in termini chiari e motivanti.

La Missione:

Mentre la visione guarda al futuro, la missione si concentra sul presente, delineando lo scopo fondamentale dell'organizzazione o dell'individuo. Descrive ciò che l'entità fa, per chi lo fa e, spesso, come lo fa. La missione fornisce una chiara definizione del ruolo e del valore dell'organizzazione nel contesto più ampio, guidando le attività quotidiane e le decisioni strategiche. Una missione efficace è chiara, concisa e univoca, facilitando la comprensione e l'adesione da parte di tutti gli stakeholder coinvolti.

Interconnessione tra Visione e Missione:

Visione e missione sono profondamente interconnesse. La visione fornisce la destinazione, mentre la missione definisce il percorso per raggiungerla. Insieme, questi componenti assicurano che un'organizzazione mantenga una direzione coerente e che le decisioni operative siano sempre allineate con l'obiettivo a lungo termine.

Importanza per i Leader:

Per i leader, stabilire una visione e una missione chiare è cruciale per diversi motivi:

1. **Allineamento Organizzativo:** Una visione e una missione chiare assicurano che tutti nell'organizzazione siano allineati verso gli stessi obiettivi.

2. **Motivazione:** Forniscono un senso di scopo, ispirando e motivando i membri del team a dare il meglio.

3. **Guida Decisionale:** Offrono un quadro di riferimento che facilita la presa di decisioni, specialmente in situazioni complesse o ambigue.

4. **Differenziazione:** Aiutano a distinguere un'organizzazione dagli altri nel mercato, definendo chiaramente ciò che la rende unica.

La visione e la missione sono tanto essenziali quanto complesse. Al di là della definizione di base, queste dichiarazioni hanno radici profonde nella psicologia organizzativa, nella cultura aziendale e nella strategia di branding.

Il Ruolo Psicologico:

La visione e la missione hanno un impatto profondo sulla psiche dei membri di un'organizzazione. Creano un senso di appartenenza e identità. Quando un individuo può associarsi a una visione o a una missione, la sua dedizione e il suo impegno verso l'organizzazione tendono ad aumentare. Questo legame psicologico può influenzare positivamente la produttività, la soddisfazione sul lavoro e la ritenzione dei dipendenti.

Cultura Aziendale:

La cultura di un'azienda è spesso un riflesso delle sue dichiarazioni di visione e missione. Ad esempio, un'azienda che ha una visione incentrata sull'innovazione potrebbe avere una cultura aziendale che incoraggia il pensiero creativo e la sperimentazione. Al contrario, un'organizzazione con una missione centrata sulla tradizione e la continuità potrebbe avere una cultura più conservatrice. I leader devono essere consapevoli di come visione e missione influenzano la cultura e, a loro volta, come la cultura può sostenere o ostacolare la realizzazione di quella visione e missione.

Strategia di Branding:
Nell'era moderna del marketing, la visione e la missione di un'azienda sono spesso al centro delle sue strategie di branding. Queste dichiarazioni aiutano a definire la personalità del marchio, ciò che rappresenta e ciò che promette ai suoi clienti. Ad esempio, se un'azienda ha una missione incentrata sulla sostenibilità ambientale, potrebbe utilizzarla per posizionarsi come leader nel mercato verde, attrarre clienti consapevoli dell'ambiente e stabilire partenariati con altre organizzazioni orientate alla sostenibilità.

Adattabilità e Crescita:
Le dichiarazioni di visione e missione non sono

statiche. Man mano che il mondo cambia e le aziende crescono, queste dichiarazioni possono e dovrebbero evolversi. Un leader efficace riconosce l'importanza di rivedere e adattare periodicamente la visione e la missione per riflettere le nuove realtà, le sfide e le opportunità. Questa flessibilità permette all'organizzazione di rimanere rilevante e all'avanguardia nel suo settore.

Coinvolgimento degli Stakeholder:
Per garantire che la visione e la missione siano autentiche e rappresentino effettivamente l'essenza dell'organizzazione, è cruciale coinvolgere vari stakeholder nel loro sviluppo e revisione. Questo può includere dipendenti, clienti, partner e altri interessati. Un processo collaborativo può portare a dichiarazioni più robuste e ampiamente accettate.

Mentre si potrebbe pensare che la definizione di visione e missione sia un esercizio semplice, la loro creazione, implementazione e manutenzione richiedono una riflessione profonda, un impegno costante e una chiara comprensione del panorama più ampio in cui un'organizzazione opera. Le sfide e le opportunità che emergono dal navigare in questo territorio sono infinite, ma sono anche fondamentali per la crescita e il successo a lungo termine.

Misurazione e Valutazione:

Ogni dichiarazione di visione e missione dovrebbe avere meccanismi di misurazione e valutazione associati. Senza questi, diventa difficile per un'organizzazione sapere se sta effettivamente avanzando verso la sua visione desiderata o se sta soddisfacendo la sua missione. Strumenti come quadri di bilancio, indicatori chiave di prestazione (KPI) e sondaggi periodici tra gli stakeholder possono fornire dati preziosi su quanto vicino o lontano si trovi un'organizzazione dal raggiungimento di questi obiettivi.

Comunicazione:

La visione e la missione non dovrebbero essere testi stagnanti custoditi in un manuale d'ufficio. Dovrebbero essere comunicati attivamente sia internamente che esternamente. All'interno di un'organizzazione, ciò assicura che tutti i membri dell'azienda siano allineati e mobilitati verso obiettivi comuni. Esternamente, aiuta a definire l'identità pubblica dell'organizzazione e a costruire fiducia con clienti, partner e altri stakeholder.

Risonanza Emotiva:

Le dichiarazioni di visione e missione più efficaci sono quelle che risuonano a livello emotivo. Non si tratta solo di ciò che un'organizzazione fa o dove vuole andare, ma di perché è importante. Questa risonanza emotiva può motivare e ispirare le persone, creando un senso di scopo che va oltre i semplici obiettivi aziendali.

Formazione e Integrazione:

Per le nuove assunzioni o per coloro che entrano in un'organizzazione, l'introduzione e l'assimilazione alla visione e alla missione dell'azienda sono cruciali. Attraverso programmi di formazione e integrazione, i nuovi membri del team possono comprendere rapidamente gli obiettivi fondamentali dell'organizzazione e come il loro ruolo individuale contribuisce a realizzarli.

Riflessione Periodica:

Col tempo, le circostanze cambiano, le industrie si evolvono e le aziende crescono in nuove direzioni. Come tale, è vitale per le organizzazioni riflettere periodicamente sulla loro visione e missione attuali. Questo può includere ritiri strategici, sessioni di brainstorming e consultazioni con esperti esterni.

Fattori Esterni:

Le forze esterne, come le tendenze di mercato, i cambiamenti normativi o le crisi globali, possono avere un impatto significativo sulla validità o rilevanza di una visione o missione esistente. Le organizzazioni devono essere pronte ad adattare e aggiornare le loro dichiarazioni in risposta a tali forze, garantendo al contempo che qualsiasi cambiamento rimanga fedele ai valori fondamentali dell'organizzazione.

Il Ruolo della Tecnologia:

Con l'avanzamento delle tecnologie digitali, le modalità con cui le dichiarazioni di visione e missione vengono comunicate e implementate stanno cambiando. Piattaforme di social media, siti web interattivi e applicazioni aziendali sono solo alcuni dei modi in cui le organizzazioni possono ora connettersi con un pubblico più ampio e garantire che la loro visione e missione siano visibili e accessibili.

In conclusione, mentre visione e missione sono concetti fondamentali, la loro gestione e implementazione sono complesse e multifaccettate. Richiedono attenzione continua, adattabilità e una comprensione profonda sia del panorama interno dell'organizzazione che degli ambienti esterni in cui opera.

La visione e la missione sono pilastri fondamentali su cui si costruisce e si guida un'organizzazione. Essi rappresentano, rispettivamente, l'obiettivo a lungo termine che un'entità vuole raggiungere e il suo scopo fondamentale nell'ecosistema in cui opera.

Significato e Interconnessione:

La visione è una rappresentazione ideale del futuro che un'organizzazione aspira a creare o raggiungere. Serve come faro, guidando le decisioni strategiche e fornendo un punto di riferimento per valutare il progresso. Al contrario, la missione si concentra sul presente, descrivendo il motivo principale per cui un'organizzazione esiste e come si propone di servire i suoi stakeholder.

Risonanza e Comunicazione:

La visione e la missione devono essere facilmente comprensibili e risonare con tutti gli stakeholder, interni ed esterni. Se ben articolate e comunicate, possono motivare i dipendenti, attrarre clienti e partner e distinguere un'organizzazione dai suoi concorrenti. La trasparenza nella comunicazione e la coerenza nell'azione sono essenziali per mantenere la fiducia e l'allineamento con queste dichiarazioni.

Adattabilità e Riflessione:

Nel contesto mutevole degli affari moderni, anche le dichiarazioni più profonde e ben formulate di visione e missione possono necessitare di revisioni. Le organizzazioni devono essere pronte a rivedere e adattare queste dichiarazioni in risposta a cambiamenti interni o esterni. Questo processo di riflessione non solo garantisce la rilevanza ma rafforza anche l'impegno dell'organizzazione verso il suo scopo e i suoi obiettivi.

Tecnologia e Innovazione:

Nell'era digitale, le modalità con cui la visione e la missione vengono condivise e attuate hanno subito notevoli cambiamenti. La tecnologia offre nuove piattaforme e strumenti per comunicare, monitorare e perseguire questi obiettivi, rendendo più facile che mai per le organizzazioni rimanere connesse e allineate con i loro valori fondamentali in modo innovativo.

Conclusione:

In definitiva, la visione e la missione non sono semplici dichiarazioni da mettere su un sito web o su un poster d'ufficio. Sono il cuore pulsante di un'organizzazione. Rappresentano le aspirazioni più profonde, la guida etica e il percorso preferito. Quando ben compresi, condivisi e perseguiti con coerenza, possono trasformare un'entità da una semplice organizzazione a un movimento che incarna veramente il cambiamento che cerca di realizzare nel mondo.

19. Feedback e Leadership: L'importanza del feedback continuo per la crescita e l'adattamento.

Il feedback è un componente essenziale del processo di sviluppo, sia per le organizzazioni che per gli individui. Nell'ambito della leadership, il feedback diventa ancora più cruciale, poiché i leader sono responsabili non solo del loro sviluppo personale, ma anche del successo e della crescita delle persone e delle squadre che guidano.

Il Ruolo del Feedback nella Leadership: Il feedback offre una finestra sulla percezione degli altri sulle tue azioni e decisioni. Per i leader, questo può rivelare lacune nella comunicazione, aree di miglioramento nella strategia o nella gestione delle persone, e offrire idee per nuove direzioni o approcci. Senza un feedback costruttivo, un leader potrebbe operare in un vuoto, ignorando potenziali problemi o opportunità.

Feedback per la Crescita:

Ogni leader, indipendentemente dall'esperienza o dal successo, ha aree in cui può migliorare. Il feedback offre una chiara comprensione di queste aree, consentendo ai leader di affrontare specifiche debolezze o sviluppare nuove competenze. Questa crescita continua non solo beneficia il leader ma migliora anche l'efficacia e la resilienza dell'intera organizzazione.

Adattamento e Cambiamento:

Il mondo degli affari è in continuo cambiamento, e ciò che funzionava ieri potrebbe non funzionare domani. Il feedback può aiutare i leader a riconoscere quando è il momento di cambiare direzione, adattare una strategia o rivedere un approccio. Essere ricettivi al feedback significa essere pronti ad adattarsi in risposta alle esigenze mutevoli del mercato, dei clienti o dei dipendenti.

Creazione di un Ambiente di Feedback:

Perché il feedback sia efficace, deve esistere una cultura organizzativa in cui le persone si sentano libere e incoraggiate a condividere le loro opinioni e percezioni. Questo richiede un ambiente in cui il feedback è visto come un regalo, non come una critica, e dove la comunicazione aperta è valorizzata e promossa.

Feedback Bidirezionale:

Mentre i leader devono essere aperti a ricevere feedback, è anche essenziale che offrano feedback regolare ai membri del loro team. Questo tipo di comunicazione può motivare, educare e guidare le persone verso il raggiungimento degli obiettivi, fornendo al contempo chiarezza e riconoscimento per il lavoro svolto.

L'arte del feedback nella leadership non si limita alla semplice condivisione di opinioni e percezioni. È un processo dinamico che, quando ben gestito, può servire come catalizzatore per la trasformazione sia a livello individuale che organizzativo.

Feedback come Specchio:

Un leader che incoraggia il feedback invita effettivamente gli altri a tenergli uno specchio davanti. Questo specchio riflette le realtà, spesso nascoste, del suo stile di leadership e delle sue azioni. Ad esempio, un leader potrebbe pensare di essere molto aperto e accessibile, ma il feedback potrebbe rivelare che i membri del team si sentono intimiditi o esclusi. Questa sorta di introspezione guidata dal feedback è vitale per la crescita autentica.

L'Aspetto Temporale del Feedback:

La tempestività è essenziale quando si tratta di feedback. Ricevere commenti su un incidente o su una decisione mesi dopo che è accaduto riduce la sua rilevanza e il suo impatto. I leader dovrebbero quindi creare meccanismi per ricevere feedback in tempo reale o quanto più vicino possibile all'evento in questione.

Feedback Positivo versus Feedback Costruttivo:

Mentre il feedback positivo rafforza comportamenti e azioni desiderabili, il feedback costruttivo identifica aree di miglioramento. Entrambi sono essenziali per la leadership. Il feedback positivo serve come rinforzo, motivando il leader e il team a continuare su una determinata traiettoria. Il feedback costruttivo, d'altro canto, offre l'opportunità di apprendimento e crescita.

Strumenti e Piattaforme per il Feedback:
Nell'era della digitalizzazione, ci sono numerose piattaforme e strumenti disponibili che facilitano il processo di feedback. Dalle applicazioni di sondaggio ai sistemi di gestione delle prestazioni, queste piattaforme possono fornire feedback quantitativo e qualitativo, offrendo ai leader una panoramica dettagliata delle percezioni.

La Vulnerabilità nella Ricezione del Feedback:
Ricevere feedback, specialmente quando non è lusinghiero, richiede una certa dose di vulnerabilità. I leader devono essere pronti ad accettare che non sempre avranno ragione e che

ci saranno momenti in cui le loro azioni potrebbero non risuonare bene con gli altri. Questa apertura alla vulnerabilità, però, è ciò che permette una vera crescita e autenticità nella leadership.

La Psicologia del Feedback:

Da un punto di vista psicologico, il feedback ha un profondo impatto sull'autostima e sull'autoefficacia. I leader che ricevono regolarmente feedback e agiscono di conseguenza tendono ad avere una maggiore fiducia nelle loro capacità. Allo stesso modo, fornire feedback regolare e pertinente può migliorare la morale e l'engagement del team.

Infine, il feedback non è solo una pratica ma anche un'abilità. Come tutte le abilità, richiede pratica, pazienza e perseveranza. Ma i benefici, sia per i leader che per le organizzazioni, sono immensi e possono portare a un ambiente di lavoro più armonioso, produttivo e innovativo.

La cultura del feedback, quando efficacemente integrata in un'organizzazione, ha il potenziale di trasformare non solo il modo in cui i leader agiscono, ma anche come le squadre interagiscono e come l'intera organizzazione si evolve.

Feedback e la Cultura Organizzativa:

Il feedback non è solo uno strumento per migliorare le performance individuali, ma può anche modellare la cultura di un'intera organizzazione. Un ambiente in cui il feedback è incoraggiato, valorizzato e dato regolarmente può favorire un clima di apertura, trasparenza e impegno reciproco. In tali organizzazioni, gli individui sono più propensi a condividere le proprie idee, esprimere preoccupazioni e partecipare attivamente alla crescita collettiva.

Il Rispetto nel Processo di Feedback:

Affinché il feedback sia effettivamente ricevuto e considerato, deve essere presentato in modo rispettoso. L'arte di fornire feedback riguarda tanto il "come" quanto il "cosa". Un feedback dato in modo critico o aggressivo può facilmente essere respinto o causare difensività. Pertanto, è fondamentale che i leader imparino a condividere feedback in modo costruttivo, fornendo osservazioni specifiche e offrendo soluzioni o suggerimenti su come migliorare.

Feedback e Diversità:

In un contesto globale e multiculturale, il feedback può variare notevolmente in termini di stile e aspettative. Ciò che in una cultura potrebbe essere visto come un feedback diretto e utile, in un'altra potrebbe essere percepito come crudo o insensibile. I leader devono quindi essere culturalmente sensibili quando condividono e ricevono feedback, avendo una consapevolezza delle diverse norme culturali e adattandosi di conseguenza.

L'Auto-feedback:

Oltre a ricevere feedback dagli altri, è fondamentale per i leader sviluppare la capacità di autovalutarsi. Questo auto-feedback consente ai leader di riflettere sulle proprie azioni, decisioni e comportamenti, identificando autonomamente le aree di forza e quelle di miglioramento. Gli strumenti come i diari di riflessione o la meditazione possono aiutare in questo processo introspectivo.

Feedback come Strumento di Engagement:

Quando i membri del team sentono che la loro opinione è ascoltata e apprezzata, tendono a sentirsi più valorizzati e impegnati nel loro lavoro. Il feedback può quindi fungere da potente strumento di engagement, rafforzando il senso di appartenenza e l'identificazione con l'organizzazione.

Evitare l'Overload di Feedback:

Mentre il feedback regolare è benefico, c'è anche il rischio di un sovraccarico di feedback, dove troppi commenti e suggerimenti possono diventare schiaccianti e controproducenti. I leader devono trovare un equilibrio, garantendo che il feedback fornito sia rilevante, tempestivo e gestibile.

Il feedback è una delle componenti più vitali nel panorama della leadership. La sua presenza, quando gestita in modo efficace, può non solo modellare il percorso di crescita di un leader, ma può anche indirizzare l'intera traiettoria di un'organizzazione verso il successo e l'innovazione.

Importanza del Feedback nel Mondo Professionale:

In un ambiente lavorativo in rapido movimento e in continua evoluzione, il feedback fornisce una bussola. Fornisce una chiara indicazione di ciò che funziona e di ciò che non funziona, permettendo ai leader e ai team di fare aggiustamenti tempestivi. Senza un feedback efficace, le organizzazioni rischiano di navigare alla cieca, perdendo opportunità e rischiando inefficienze.

Il Feedback Come Strumento di Crescita:

Dal punto di vista individuale, il feedback è un veicolo per la crescita personale e professionale. Consente agli individui di comprendere le proprie aree di forza e le aree in cui è necessario migliorare. Per i leader, in particolare, ricevere feedback dai propri subordinati, pari e superiori può offrire una panoramica completa delle proprie competenze e del proprio stile di leadership.

Creazione di un Ambiente di Feedback Positivo:

Tuttavia, affinché il feedback sia efficace, è fondamentale creare un ambiente in cui sia dato e ricevuto in modo costruttivo. Ciò richiede una cultura organizzativa in cui il feedback non sia visto come una critica, ma come un'opportunità. Richiede anche la formazione di leader e dipendenti su come dare e ricevere feedback in modo che sia specifico, chiaro e orientato all'azione.

Feedback e Cambiamento Organizzativo:

A livello macro, il feedback può fungere da catalizzatore per il cambiamento organizzativo. Può identificare aree in cui i processi aziendali non sono efficienti o in cui la cultura aziendale potrebbe essere migliorata. In questo senso, il feedback non beneficia solo gli individui, ma l'intera organizzazione.

Sfide del Feedback:

Naturalmente, ci sono sfide associate al feedback. Può essere difficile per alcuni riceverlo, specialmente se è critico. Allo stesso modo, dare feedback, in particolare feedback negativo o costruttivo, può essere una sfida in sé. Tuttavia, con la giusta formazione e cultura, queste sfide possono essere superate.

In conclusione, il feedback è fondamentale nella leadership moderna. Permette ai leader di comprendere meglio se stessi, le persone che guidano e l'organizzazione in cui operano. Quando integrato correttamente, il feedback può guidare la crescita personale, migliorare la produttività del team e indirizzare l'intera traiettoria di un'organizzazione verso il successo e l'eccellenza. Pertanto, investire nel creare una cultura del feedback e nella formazione su come dare e ricevere feedback è essenziale per qualsiasi leader o organizzazione che aspira all'eccellenza.

20. Future Trends: Dove sta andando la leadership? Esplorazione delle prospettive future.

Nel contesto di un mondo in continua evoluzione e di un ambiente aziendale sempre più dinamico, la leadership sta assistendo a una

serie di trasformazioni significative.
Esaminando le tendenze attuali e cercando di prevedere le direzioni future, possiamo individuare alcuni elementi chiave che probabilmente avranno un impatto duraturo sul panorama della leadership nei prossimi anni.

1. Leadership Distribuita:

In passato, la leadership era spesso centralizzata e gerarchica. Tuttavia, con la crescente complessità delle organizzazioni e la necessità di decisioni rapide e adattive, vediamo una tendenza verso la leadership distribuita. Ciò significa che più persone all'interno di un'organizzazione avranno ruoli di leadership, permettendo una maggiore agilità e una risposta più veloce alle sfide emergenti.

2. Leadership Olistica:

C'è una crescente consapevolezza dell'importanza del benessere globale, sia fisico che mentale. I leader del futuro saranno quelli che riconoscono l'importanza di guardare alla persona nella sua interezza, sostenendo non solo gli obiettivi professionali ma anche il benessere personale dei loro dipendenti.

3. Leadership Orientata ai Valori:

Mentre il profitto rimane una priorità per molte aziende, c'è una crescente enfasi sulla creazione di valore in termini di impatto sociale e ambientale. I leader del futuro saranno quelli che possono bilanciare con successo profitto e proposito, guidando le loro organizzazioni verso soluzioni sostenibili e etiche.

4. Leadership e Intelligenza Artificiale:

Con la rapida evoluzione della tecnologia e l'adozione dell'intelligenza artificiale in molti settori, i leader dovranno capire come integrare efficacemente queste tecnologie nelle loro strategie, garantendo al contempo che l'umanità rimanga al centro delle decisioni.

5. Leadership Inclusiva:

La diversità e l'inclusione stanno diventando sempre più centrali. I leader futuri saranno quelli che abbracciano veramente la diversità, non solo come un "da fare" ma come una componente chiave per la successo. Questo include la promozione di una cultura inclusiva dove ogni voce viene ascoltata e valorizzata.

6. Leadership Basata sulla Crescita Continua:

L'apprendimento continuo diventerà ancora più cruciale. Con le continue evoluzioni tecnologiche e di mercato, i leader dovranno essere in costante formazione e aggiornamento, rimanendo aperti alle nuove idee e ai cambiamenti.

7. Leadership Globale:

Con l'aumento della globalizzazione e la maggiore interconnessione tra mercati e culture, la capacità di operare e guidare a livello globale diventerà ancora più essenziale. Questo richiederà una comprensione profonda delle diverse culture e dinamiche di mercato.

In sintesi, la leadership del futuro sarà meno rigida, più fluida, e richiederà una combinazione di competenze tecniche, emotive e interpersonali. La capacità di adattarsi rapidamente ai cambiamenti, pur mantenendo un forte senso di direzione e proposito, sarà essenziale. I leader dovranno anche essere in grado di bilanciare le esigenze immediate con una visione a lungo termine, guidando le loro organizzazioni verso un futuro sostenibile e prospero.

L'evoluzione della leadership continua a svilupparsi, adeguandosi alle sfide emergenti e anticipando i bisogni di un mondo sempre più interconnesso. Andando oltre ai punti precedentemente menzionati, esploriamo ulteriormente le sfaccettature delle tendenze future della leadership:

Adozione di tecnologie emergenti:
Mentre l'intelligenza artificiale rappresenta una grande svolta, altre tecnologie, come la realtà virtuale, la realtà aumentata e la blockchain, stanno iniziando a plasmare il modo in cui le aziende operano. I leader futuri dovranno comprendere come queste tecnologie possono essere integrate nelle operazioni quotidiane, formando squadre specializzate e assicurandosi che queste soluzioni tecnologiche siano utilizzate in modo etico e responsabile.

Leadership attraverso crisi e incertezza:
Con l'accelerazione dei cambiamenti climatici, le tensioni politiche globali e le sfide come pandemie o disastri naturali, i leader dovranno essere preparati a guidare attraverso momenti di profonda incertezza. Ciò richiederà flessibilità, prevedibilità e la capacità di prendere decisioni difficili anche quando non tutte le informazioni sono disponibili.

Focus sull'educazione e la formazione continua:
Il concetto di "formazione per tutta la vita" sta guadagnando terreno. Con la rapida evoluzione delle professioni e delle competenze richieste, i leader dovranno sottolineare l'importanza della formazione continua, creando opportunità per i dipendenti di aggiornare e migliorare le loro competenze.

Salute e benessere:
Oltre alla salute mentale, ci sarà una crescente attenzione al benessere fisico. Le aziende potrebbero adottare approcci più olistici, incorporando pratiche come la mindfulness, la meditazione e l'esercizio fisico nella routine

quotidiana per garantire che i dipendenti siano al meglio sia mentalmente che fisicamente.

Sostenibilità e responsabilità ambientale:

L'attenzione alla sostenibilità sta crescendo, e non solo in termini di pratiche aziendali verdi. I leader saranno chiamati a pensare a come le loro decisioni influenzano l'ambiente a lungo termine e a cercare soluzioni innovative per ridurre l'impronta ecologica delle loro aziende.

Ascolto attivo e engagement:

Nel mondo digitale, con la sovrabbondanza di informazioni, l'ascolto attivo diventa cruciale. I leader dovranno affinare le loro abilità di ascolto, garantendo che ogni membro del team si senta ascoltato e valorizzato. Ciò contribuirà anche a creare un ambiente di lavoro più inclusivo.

Costruzione di partnership e collaborazioni:

La complessità dei problemi moderni richiede spesso soluzioni collaborative. I leader dovranno cercare attivamente partnership e collaborazioni, sia all'interno che all'esterno dei

loro settori, per creare soluzioni innovative a
sfide comuni.

Equilibrio tra tecnologia e umanità:
Anche con l'adozione massiccia della tecnologia,
l'elemento umano rimarrà fondamentale. I
leader dovranno trovare un equilibrio,
assicurandosi che la tecnologia sia utilizzata per
migliorare l'esperienza umana, piuttosto che
sostituirla.

Questi sono solo alcuni dei molteplici aspetti
che stanno plasmando la futura direzione della
leadership. Mentre ogni tendenza porta con sé
una serie di opportunità, presenta anche sfide
che i leader dovranno affrontare con proattività
e visione.

Concludendo, la leadership del futuro sarà una
sintesi dinamica di vecchi principi fondamentali
e nuove competenze acquisite in risposta
all'evoluzione del contesto globale. La velocità
senza precedenti del cambiamento tecnologico,
sociale ed economico richiede leader che siano
sia radicati nelle tradizioni di integrità, visione e
compassione, sia attrezzati con la flessibilità per
adattarsi alle nuove sfide.

Aspetti fondamentali della leadership del futuro:

1. **Tecnologia e Umanità:** I leader del futuro avranno il compito cruciale di fare da ponte tra l'innovazione tecnologica e l'essenza dell'umanità. Trovare un equilibrio tra l'automazione e le capacità umane, sfruttando la tecnologia per migliorare la vita delle persone piuttosto che sostituirla, sarà fondamentale.

2. **Adattabilità e Resilienza:** Le sfide emergenti, dalle crisi ambientali alle tensioni geopolitiche, richiederanno leader capaci di adattarsi rapidamente ai nuovi scenari e di guidare le loro organizzazioni attraverso tempi turbolenti con fermezza e visione.

3. **Educazione Continua:** L'apprendimento non sarà più visto come una fase transitoria della vita, ma come un impegno continuo. I leader dovranno promuovere una cultura dell'apprendimento all'interno delle loro organizzazioni, incoraggiando la

formazione continua e lo sviluppo professionale.

4. **Sostenibilità e Visione a Lungo Termine:** Il successo immediato non sarà più l'unico criterio di successo. I leader saranno valutati sulla base della loro capacità di pensare e agire a lungo termine, garantendo che le loro decisioni siano sostenibili e benefiche non solo per la loro organizzazione, ma anche per la società e l'ambiente in generale.

5. **Ascolto e Inclusività:** La diversità e l'inclusione saranno al centro della leadership futura. I leader dovranno garantire che tutte le voci siano ascoltate e che le decisioni siano prese tenendo conto di una varietà di prospettive. Questo contribuirà a creare organizzazioni più forti, resilienti e innovative.

6. **Collaborazione Oltre i Confini:** In un mondo sempre più interconnesso, la capacità di collaborare oltre i confini geografici, culturali e settoriali sarà essenziale. La co-creazione, l'innovazione

congiunta e le partnership saranno strumenti fondamentali nella cassetta degli attrezzi dei leader.

In sintesi, la leadership del futuro richiederà una combinazione unica di abilità, sia nuove che tradizionali. I leader dovranno essere ancorati a valori fondamentali, ma anche pronti ad abbracciare il cambiamento, sfruttando nuove opportunità e affrontando sfide con una mentalità aperta e innovativa. Il cammino verso la leadership futura sarà tanto stimolante quanto impegnativo, ma con la giusta preparazione e mentalità, i leader saranno in grado di navigare con successo in questo nuovo paesaggio e di portare le loro organizzazioni verso un futuro prospero e sostenibile.

Riassunto del Libro: La Leadership nel XXI Secolo

La leadership è un'arte e una scienza, e come tale è soggetta a cambiamenti e sviluppi. Nel corso di questo libro, abbiamo esplorato la vasta gamma di aspetti che definiscono e influenzano la leadership nell'odierno contesto dinamico.

1. **Cultura e Leadership:** Abbiamo discusso di come le varie culture influenzino le aspettative e gli stili di leadership, sottolineando l'importanza dell'adattabilità e della consapevolezza interculturale.

2. **Leadership Femminile:** Abbiamo analizzato l'importanza e l'unicità della leadership femminile, evidenziando i suoi specifici contributi nel mondo moderno.

3. **Sfide della Leadership:** Questo punto ha toccato la gestione dei conflitti, l'ascolto attivo, l'empatia e la resilienza, essenziali per una leadership efficace.

4. **Leadership ed Etica:** Abbiamo discusso la cruciale responsabilità morale dei leader e l'indispensabile importanza dell'integrità.

5. **Tecniche e Strumenti:** Qui abbiamo offerto suggerimenti pratici per affinare e sviluppare le abilità di leadership.

6. **Leadership e Innovazione:** Abbiamo esplorato come i leader possono promuovere e sostenere l'innovazione all'interno delle loro organizzazioni.

7. **Formazione alla Leadership:** Abbiamo sottolineato l'importanza della formazione continua per la crescita dei leader.

8. **Case Studies:** Hanno fornito esempi tangibili di leadership in azione, illustrando sia i successi che i fallimenti.

9. **Leadership Digitale:** Qui, abbiamo discusso dell'importanza di navigare nella rivoluzione digitale con competenza e visione.

10. **Leadership e Salute Mentale:** Abbiamo affrontato la gestione dello stress, il burnout e l'importanza della cura di sé.

11. **Squadre e Leadership:** Abbiamo parlato di come creare, guidare e mantenere squadre ad alte prestazioni.

12. **Visione e Missione:** Abbiamo sottolineato l'importanza di avere una visione chiara e una missione.

13. **Feedback e Leadership:** Abbiamo discusso dell'importanza del feedback continuo per la crescita e l'adattamento.

14. **Future Trends:** Questa sezione ha offerto uno sguardo alle prospettive future della leadership.

Risorse Aggiuntive:

Per coloro che desiderano approfondire ulteriormente questi argomenti, ecco alcune risorse online:

- **Harvard Business Review (HBR):** Un'ottima risorsa per articoli e studi di caso sulla leadership.

  - Sito web: hbr.org

- **Leadership Now:** Fornisce approfondimenti e risorse su vari aspetti della leadership.

  - Sito web: leadershipnow.com

- **Center for Creative Leadership (CCL):** Una risorsa dedicata alla formazione e allo sviluppo della leadership.

  - Sito web: ccl.org

- **Gallup's StrengthsFinder:** Uno strumento che aiuta i leader a identificare e coltivare i loro punti di forza.

  - Sito web: gallupstrengthscenter.com

Infine, la leadership è un viaggio, non una destinazione. Mentre le sfide e le circostanze cambiano, l'essenza della leadership rimane costante: influenzare e ispirare gli altri verso un obiettivo comune. Continua a educarti, a metterti alla prova e a cercare opportunità di crescita. Il tuo percorso di leadership è unico, e speriamo che questo libro ti abbia fornito le intuizioni e gli strumenti per navigarlo con successo.